PRÉFACE

I0145180

La collection de guides de conversation "Tout ira bien!", publié par T&P Books, est conçue pour les gens qui voyagent par affaire ou par plaisir. Les guides de conversations contiennent le plus important - l'essentiel pour la communication de base. Il s'agit d'une série indispensable de phrases pour survivre à l'étranger.

Ce guide de conversation vous aidera dans la plupart des cas où vous devez demander quelque chose, trouver une direction, découvrir le prix d'un souvenir, etc. Il peut aussi résoudre des situations de communication difficile lorsque la gesticulation n'aide pas.

Le livre contient beaucoup de phrases qui ont été groupées par thèmes. Vous trouverez aussi un vocabulaire des 3000 mots les plus couramment utilisés. Une autre section du guide contient un glossaire gastronomique qui peut être utile lorsque vous faites le marché ou commandez des plats au restaurant.

Emmenez avec vous un guide de conversation "Tout ira bien!" sur la route et vous aurez un compagnon de voyage irremplaçable qui vous aidera à vous sortir de toutes les situations et vous enseignera à ne pas avoir peur de parler aux étrangers.

TABLE DES MATIÈRES

Prononciation	5
Liste des abréviations	7
Guide de conversation Français-Finnois	9
Vocabulaire thématique	73
Glossaire gastronomique	193

T&P Books Publishing

Collection de guides de conversation
"Tout ira bien!"

T&P Books Publishing

GUIDE DE CONVERSATION
FINNOIS

Par Andrey Taranov

LES PHRASES LES PLUS UTILES

Ce guide de conversation contient les phrases et les questions les plus communes et nécessaires pour communiquer avec des étrangers

T&P BOOKS

Guide de conversation + dictionnaire de 3000 mots

Guide de conversation Français-Finnois et vocabulaire thématique de 3000 mots

Par Andrey Taranov

La collection de guides de conversation "Tout ira bien!", publiée par T&P Books, est conçue pour les gens qui voyagent par affaire ou par plaisir. Les guides contiennent l'essentiel pour la communication de base. Il s'agit d'une série indispensable de phrases pour "survivre" à l'étranger.

Ce livre inclut un dictionnaire thématique qui contient près de 3000 des mots les plus fréquemment utilisés. Une autre section du guide contient un glossaire gastronomique qui peut être utile lorsque vous faites le marché ou commandez des plats au restaurant.

T&P Books Publishing
www.tpbooks.com

ISBN: 978-1-78492-560-4

Ce livre existe également en format électronique.
Pour plus d'informations, veuillez consulter notre site: www.tpbooks.com
ou rendez-vous sur ceux des grandes librairies en ligne.

PRONONCIATION

Lettre	Exemple en finnois	Alphabet phonétique T&P	Exemple en français
A a	Avara	[ɑ]	aller
B b	Bussi	[b]	bureau
C c	C-rappu	[s]	syndicat
D d	Kadulla	[d]	document
E e	Pelto	[e]	équipe
F f	Filmi	[f]	formule
G g	Jooga	[g]	gris
H h	Hattu	[h]	h aspiré
I i	Piha	[i]	stylo
J j	Juna	[j]	maillot
K k	Katu	[k]	bocal
L l	Lapio	[l]	vélo
M m	Muna	[m]	minéral
N n	Nainen	[n]	ananas
O o	Kova	[o]	normal
P p	Papin	[p]	panama
R r	Ruoka	[r]	racine
S s	Suosio	[s]	syndicat
T t	Tapa	[t]	tennis
U u	Uni	[u]	boulevard
V v	Vaaka	[ʋ]	verdure
Y y	Tyttö	[y]	Portugal
Z z	Fazer	[ts]	gratte-ciel
Ä ä	Älä	[æ]	maire
Ö ö	Pöllö	[ø]	peu profond

Diphtongues

ää	Ihmetyttää	[æ:]	poète
öö	Miljardööri	[ø:]	soigneux
aa	Notaari	[a:]	camarade
ii	Poliisi	[i:]	industrie
oo	Koomikko	[o:]	tableau

Lettre	Exemple en finnois	Alphabet phonétique T&P	Exemple en français
uu	Nojapuut	[u:]	tour
yy	Flyygeli	[y:]	légumes

LISTE DES ABRÉVIATIONS

Abréviations en français

adj	-	adjective
adv	-	adverbe
anim.	-	animé
conj	-	conjonction
dénombr.	-	dénombrable
etc.	-	et cetera
f	-	nom féminin
f pl	-	féminin pluriel
fam.	-	familiar
fem.	-	féminin
form.	-	formal
inanim.	-	inanimé
indénombr.	-	indénombrable
m	-	nom masculin
m pl	-	masculin pluriel
m, f	-	masculin, féminin
masc.	-	masculin
math	-	mathematics
mil.	-	militaire
pl	-	pluriel
prep	-	préposition
pron	-	pronom
qch	-	quelque chose
qn	-	quelqu'un
sing.	-	singulier
v aux	-	verbe auxiliaire
v imp	-	verbe impersonnel
vi	-	verbe intransitif
vi, vt	-	verbe intransitif, transitif
vp	-	verbe pronominal
vt	-	verbe transitif

T&P BOOKS

GUIDE DE CONVERSATION FINNOIS

Cette section contient
des phrases importantes
qui peuvent être utiles dans
des situations courantes.
Le guide vous aidera
à demander des directions,
clarifier le prix, acheter
des billets et commander
des plats au restaurant

T&P Books Publishing

CONTENU DU GUIDE DE CONVERSATION

Les essentiels	12
Questions	15
Besoins	16
Comment demander la direction	18
Affiches, Pancartes	20
Transport - Phrases générales	22
Acheter un billet	24
L'autobus	26
Train	28
Sur le train - Dialogue (Pas de billet)	29
Taxi	30
Hôtel	32
Restaurant	35
Shopping. Faire les Magasins	37
En ville	39
L'argent	41

Le temps   43
Salutations - Introductions   45
Les adieux   47
Une langue étrangère   49
Les excuses   50
Les accords   51
Refus, exprimer le doute   52
Exprimer la gratitude   54
Félicitations. Vœux de fête   55
Socialiser   56
Partager des impressions. Émotions   59
Problèmes. Accidents   61
Problèmes de santé   64
À la pharmacie   67
Les essentiels   69

T&P Books Publishing

Excusez-moi, ...	**Anteeksi, ...** [ante:ksi, ...]
Bonjour	**Hei.** [hej]
Merci	**Kiitos.** [ki:tos]
Au revoir	**Näkemiin.** [nækemi:n]
Oui	**Kyllä.** [kyllæ]
Non	**Ei.** [ej]
Je ne sais pas.	**En tiedä.** [en tiedæ]
Où? | Où? | Quand?	**Missä? | Minne? | Milloin?** [missæ? | minne? | millojn?]

J'ai besoin de ...	**Tarvitsen ...** [tarʋitsen ...]
Je veux ...	**Haluan ...** [haluan ...]
Avez-vous ... ?	**Onko sinulla ...?** [oŋko sinulla ...?]
Est-ce qu'il y a ... ici?	**Onko täällä ...?** [oŋko tæ:llæ ...?]
Puis-je ... ?	**Voinko ...?** [vojŋko ...?]
s'il vous plaît (pour une demande)	**..., kiitos** [..., ki:tos]

Je cherche ...	**Etsin ...** [etsin ...]
les toilettes	**WC** [ʋɛsɛ]
un distributeur	**pankkiautomaatti** [paŋkkiautoma:tti]
une pharmacie	**apteekki** [apte:kki]
l'hôpital	**sairaala** [sajra:la]
le commissariat de police	**poliisiasema** [poli:siasema]
une station de métro	**metro** [metro]

un taxi	**taksi** [taksi]
la gare	**rautatieasema** [rautatieasema]

Je m'appelle ...	**Nimeni on ...** [nimeni on ...]
Comment vous appelez-vous?	**Mikä sinun nimesi on?** [mikæ sinun nimesi on?]
Aidez-moi, s'il vous plaît.	**Voisitko auttaa minua?** [vojsitko autta: minua?]
J'ai un problème.	**Minulla on ongelma.** [minulla on oŋgelma]
Je ne me sens pas bien.	**En voi hyvin.** [en ʋoj hyʋin]
Appelez une ambulance!	**Soita ambulanssi!** [sojta ambulanssi!]
Puis-je faire un appel?	**Voisinko soittaa?** [vojsiŋko sojtta:?]

Excusez-moi.	**Olen pahoillani.** [olen pahojllani]
Je vous en prie.	**Ole hyvä.** [ole hyʋæ]

je, moi	**minä | mä** [minæ | mæ]
tu, toi	**sinä | sä** [sinæ | sæ]
il	**hän | se** [hæn | se]
elle	**hän | se** [hæn | se]
ils	**he | ne** [he | ne]
elles	**he | ne** [he | ne]
nous	**me** [me]
vous	**te** [te]
Vous	**sinä** [sinæ]

ENTRÉE	**SISÄÄN** [sisæ:n]
SORTIE	**ULOS** [ulos]
HORS SERVICE | EN PANNE	**EPÄKUNNOSSA** [epækunnossa]
FERMÉ	**SULJETTU** [suljettu]

OUVERT	**AVOIN** [avojn]
POUR LES FEMMES	**NAISILLE** [najsille]
POUR LES HOMMES	**MIEHILLE** [miehille]

Questions

Où? (lieu)	**Missä?** [missæ?]
Où? (direction)	**Mihin?** [mihin?]
D'où?	**Mistä?** [mistæ?]
Pourquoi?	**Miksi?** [miksi?]
Pour quelle raison?	**Mistä syystä?** [mistæ sy:stæ?]
Quand?	**Milloin?** [millojn?]

Combien de temps?	**Kuinka kauan?** [kujŋka kauan?]
À quelle heure?	**Mihin aikaan?** [mihin ajka:n?]
C'est combien?	**Kuinka paljon?** [kujŋka paljon?]
Avez-vous … ?	**Onko sinulla …?** [oŋko sinulla …?]
Où est …, s'il vous plaît?	**Missä on …?** [missæ on …?]

Quelle heure est-il?	**Paljonko kello on?** [paljoŋko kello on?]
Puis-je faire un appel?	**Voisinko soittaa?** [vojsiŋko sojtta:?]
Qui est là?	**Kuka siellä?** [kuka siellæ?]
Puis-je fumer ici?	**Saako täällä polttaa?** [sa:ko tæ:llæ poltta:?]
Puis-je …?	**Saanko …?** [sa:ŋko …?]

Besoins

Je voudrais ...	**Haluaisin ...** [haluɑjsin ...]
Je ne veux pas ...	**En halua ...** [en halua ...]
J'ai soif.	**Minulla on jano.** [minulla on jɑno]
Je veux dormir.	**Haluan nukkua.** [haluɑn nukkuɑ]

Je veux ...	**Haluan ...** [haluɑn ...]
me laver	**peseytyä** [peseytyæ]
brosser mes dents	**harjata hampaani** [harjɑtɑ hampɑ:ni]
me reposer un instant	**levätä vähän** [leʋætæ ʋæhæn]
changer de vêtements	**vaihtaa vaatteet** [ʋɑjhtɑ: ʋɑ:tte:t]

retourner à l'hôtel	**palata takaisin hotelliin** [pɑlɑtɑ tɑkɑjsin hotelli:n]
acheter ...	**ostaa ...** [ostɑ: ...]
aller à ...	**mennä ...** [mennæ ...]
visiter ...	**käydä ...** [kæydæ ...]
rencontrer ...	**tavata ...** [tɑʋɑtɑ ...]
faire un appel	**soittaa ...** [sojttɑ: ...]

Je suis fatigué /fatiguée/	**Olen väsynyt.** [olen ʋæsynyt]
Nous sommes fatigués /fatiguées/	**Olemme väsyneitä.** [olemme ʋæsynejtæ]
J'ai froid.	**Minulla on kylmä.** [minulla on kylmæ]
J'ai chaud.	**Minulla on kuuma.** [minulla on ku:mɑ]
Je suis bien.	**Voin hyvin.** [vojn hyʋin]

Il me faut faire un appel.

Minun täytyy soittaa yksi puhelu.
[minun tæyty: sojttɑ: yksi puhelu]

J'ai besoin d'aller aux toilettes.

Minun täytyy mennä vessaan.
[minun tæyty: mennæ ʋessɑ:n]

Il faut que j'aille.

Minun täytyy lähteä.
[minun tæyty: ʎæhteæ]

Je dois partir maintenant.

Minun täytyy lähteä nyt.
[minun tæyty: ʎæhteæ nyt]

Comment demander la direction

Excusez-moi, ...

Anteeksi, ...
[ante:ksi, ...]

Où est ..., s'il vous plaît?

Missä on ...?
[missæ on ...?]

Dans quelle direction est ... ?

Miten pääsen ...?
[miten pæ:sen ...?]

Pouvez-vous m'aider, s'il vous plaît ?

Voisitko auttaa minua?
[vojsitko autta: minua?]

Je cherche ...

Etsin ...
[etsin ...]

La sortie, s'il vous plaît?

Etsin uloskäyntiä.
[etsin uloskæyntiæ]

Je vais à ...

Menen ...
[menen ...]

C'est la bonne direction pour ...?

Onko tämä oikea tie ...?
[oŋko tæmæ ojkea tie ...?]

C'est loin?

Onko se kaukana?
[oŋko se kaukana?]

Est-ce que je peux y aller à pied?

Voiko sinne kävellä?
[vojko sinne kæuellæ?]

Pouvez-vous me le montrer sur la carte?

Voitko näyttää minulle kartalta?
[vojtko næyttæ: minulle kartalta?]

Montrez-moi où sommes-nous,
s'il vous plaît.

Voitko näyttää, missä me olemme nyt.
[vojtko næyttæ:, missæ me olemme nyt]

Ici

Täällä
[tæ:llæ]

Là-bas

Siellä
[siellæ]

Par ici

Tännepäin.
[tænnepæjn]

Tournez à droite.

Käänny oikealle.
[kæ:nny ojkealle]

Tournez à gauche.

Käänny vasemmalle.
[kæ:nny uasemmalle]

Prenez la première
(deuxième, troisième) rue.

**ensimmäinen (toinen, kolmas)
käännös**
[ensimmæjnen (tojnen, kolmas)
kæ:nnøs]

à droite

oikealle
[ojkealle]

à gauche

vasemmalle
[ʋɑsemmɑlle]

Continuez tout droit.

Mene suoraan eteenpäin.
[mene suorɑ:n ete:npæjn]

Affiches, Pancartes

BIENVENUE!	**TERVETULOA!** [tervetuloa!]
ENTRÉE	**SISÄÄN** [sisæ:n]
SORTIE	**ULOS** [ulos]

POUSSEZ	**TYÖNNÄ** [työnnæ]
TIREZ	**VEDÄ** [vedæ]
OUVERT	**AVOIN** [avojn]
FERMÉ	**SULJETTU** [suljettu]

POUR LES FEMMES	**NAISILLE** [najsille]
POUR LES HOMMES	**MIEHILLE** [miehille]
MESSIEURS (M)	**MIEHET** [miehet]
FEMMES (F)	**NAISET** [najset]

RABAIS | SOLDES	**MYYNTI** [my:nti]
PROMOTION	**ALE** [ale]
GRATUIT	**ILMAINEN** [ilmajnen]
NOUVEAU!	**UUTUUS!** [u:tu:s!]
ATTENTION!	**HUOMIO!** [huomio!]

COMPLET	**TÄYNNÄ** [tæynnæ]
RÉSERVÉ	**VARATTU** [varattu]
ADMINISTRATION	**HALLINTOHENKILÖSTÖ** [hallintohenkilöstö]
PERSONNEL SEULEMENT	**VAIN HENKILÖKUNTA** [vajn henkilökunta]

ATTENTION AU CHIEN!	**VARO KOIRAA!** [varo kojra:!]
NE PAS FUMER!	**TUPAKOINTI KIELLETTY!** [tupakojnti kielletty!]
NE PAS TOUCHER!	**ÄLÄ KOSKE!** [æʎæ koske!]
DANGEREUX	**VAARALLINEN** [va:rallinen]
DANGER	**VAARA** [va:ra]
HAUTE TENSION	**KORKEAJÄNNITE** [korkeajænnite]
BAIGNADE INTERDITE!	**UIMINEN KIELLETTY!** [ujminen kielletty!]

HORS SERVICE | EN PANNE	**EPÄKUNNOSSA** [epækunnossa]
INFLAMMABLE	**HELPOSTI SYTTYVÄ** [helposti syttyvæ]
INTERDIT	**KIELLETTY** [kielletty]
ENTRÉE INTERDITE!	**LÄPIKULKU KIELLETTY** [llæpikulku kielletty]
PEINTURE FRAÎCHE	**VASTAMAALATTU** [vastama:lattu]

FERMÉ POUR TRAVAUX	**SULJETTU REMONTIN VUOKSI** [suljettu remontin vuoksi]
TRAVAUX EN COURS	**TIETYÖ** [tietyö]
DÉVIATION	**KIERTOTIE** [kiertotie]

Transport - Phrases générales

avion	**lentokone** [lentokone]
train	**juna** [juna]
bus, autobus	**bussi** [bussi]
ferry	**lautta** [lautta]
taxi	**taksi** [taksi]
voiture	**auto** [auto]

horaire	**aikataulu** [ajkataulu]
Où puis-je voir l'horaire?	**Missä voisin nähdä aikataulun?** [missæ voisin næhdæ ajkataulun?]
jours ouvrables	**arkipäivät** [arkipæjuæt]
jours non ouvrables	**viikonloput** [ui:konloput]
jours fériés	**pyhäpäivät** [pyhæpæjuæt]

DÉPART	**LÄHTEVÄT** [ʎæhtevæt]
ARRIVÉE	**SAAPUVAT** [sa:puvat]
RETARDÉE	**MYÖHÄSSÄ** [myöhæssæ]
ANNULÉE	**PERUUTETTU** [peru:tettu]

prochain (train, etc.)	**seuraava** [seura:ua]
premier	**ensimmäinen** [ensimmæjnen]
dernier	**viimeinen** [ui:mejnen]

À quelle heure est le prochain ...?	**Milloin on seuraava ...?** [millojn on seura:ua ...?]
À quelle heure est le premier ...?	**Milloin on ensimmäinen ...?** [millojn on ensimmæjnen ...?]

À quelle heure est le dernier ...?

Milloin on viimeinen ...?
[millojn on ʋi:mejnen ...?]

correspondance

vaihto
[ʋɑjhto]

prendre la correspondance

vaihtaa
[ʋɑjhtɑ:]

Dois-je prendre la correspondance?

Täytyykö minun tehdä vaihto?
[tæyty:kø minun tehdæ ʋɑjhto?]

Acheter un billet

Où puis-je acheter des billets?	**Mistä voin ostaa lippuja?** [mistæ vojn osta: lippuja?]
billet	**lippu** [lippu]
acheter un billet	**ostaa lippu** [osta: lippu]
le prix d'un billet	**lipun hinta** [lipun hinta]
Pour aller où?	**Mihin?** [mihin?]
Quelle destination?	**Mille asemalle?** [mille asemalle?]
Je voudrais ...	**Tarvitsen ...** [tarvitsen ...]
un billet	**yhden lipun** [yhden lipun]
deux billets	**kaksi lippua** [kaksi lippua]
trois billets	**kolme lippua** [kolme lippua]
aller simple	**menolippu** [menolippu]
aller-retour	**menopaluu** [menopalu:]
première classe	**ensimmäinen luokka** [ensimmæjnen luokka]
classe économique	**toinen luokka** [tojnen luokka]
aujourd'hui	**tänään** [tænæ:n]
demain	**huomenna** [huomenna]
après-demain	**ylihuomenna** [ylihuomenna]
dans la matinée	**aamulla** [a:mulla]
l'après-midi	**iltapäivällä** [iltapæjuællæ]
dans la soirée	**illalla** [illalla]

siège côté couloir   **käytäväpaikka**
[kæytæʋæpajkka]

siège côté fenêtre   **ikkunapaikka**
[ikkunapajkka]

C'est combien?   **Kuinka paljon?**
[kujŋka paljon?]

Puis-je payer avec la carte?   **Voinko maksaa luottokortilla?**
[vojŋko maksa: luottokortilla?]

L'autobus

bus, autobus	**bussi** [bussi]
autocar	**linja-auto** [linja-auto]
arrêt d'autobus	**bussipysäkki** [bussipysækki]
Où est l'arrêt d'autobus le plus proche?	**Missä on lähin bussipysäkki?** [missæ on ʎæhin bussipysækki?]

numéro	**numero** [numero]
Quel bus dois-je prendre pour aller à ...?	**Millä bussilla pääsen ...?** [millæ bussilla pæ:sen ...?]
Est-ce que ce bus va à ...?	**Meneekö tämä bussi ...?** [mene:kø tæmæ bussi ...?]
L'autobus passe tous les combien?	**Kuinka usein bussit kulkevat?** [kujŋka usejn bussit kulkeuat?]

chaque quart d'heure	**viidentoista minuutin välein** [ui:dentojsta minu:tin uælejn]
chaque demi-heure	**puolen tunnin välein** [puolen tunnin uælejn]
chaque heure	**joka tunti** [joka tunti]
plusieurs fois par jour	**useita kertoja päivässä** [usejta kertoja pæjuæssæ]
... fois par jour	**... kertaa päivässä** [... kerta: pæjuæssæ]

horaire	**aikataulu** [ajkataulu]
Où puis-je voir l'horaire?	**Missä voisin nähdä aikataulun?** [missæ uojsin næhdæ ajkataulun?]
À quelle heure passe le prochain bus?	**Milloin seuraava bussi menee?** [millojn seura:ua bussi mene:?]
À quelle heure passe le premier bus?	**Milloin ensimmäinen bussi menee?** [millojn ensimmæjnen bussi mene:?]
À quelle heure passe le dernier bus?	**Milloin viimeinen bussi menee?** [millojn ui:mejnen bussi mene:?]

arrêt	**pysäkki** [pysækki]
prochain arrêt	**seuraava pysäkki** [seura:ua pysækki]

terminus

Pouvez-vous arrêter ici, s'il vous plaît.

Excusez-moi, c'est mon arrêt.

päätepysäkki
[pæ:tepysækki]

Pysähdy tähän, kiitos.
[pysæhdy tæhæn, ki:tos]

Anteeksi, jään pois tässä.
[ante:ksi, jæ:n pojs tæssæ]

Train

train	**juna** [juna]
train de banlieue	**lähijuna** [ʌæhijuna]
train de grande ligne	**kaukojuna** [kaukojuna]
la gare	**rautatieasema** [rautatieasema]
Excusez-moi, où est la sortie vers les quais?	**Anteeksi, mistä pääsen laiturille?** [ante:ksi, mistæ pæ:sen lajturille?]

Est-ce que ce train va à …?	**Meneekö tämä juna …?** [mene:kø tæmæ juna …?]
le prochain train	**seuraava juna** [seura:va juna]
À quelle heure est le prochain train?	**Milloin seuraava juna lähtee?** [millojn seura:va juna llæhte:?]
Où puis-je voir l'horaire?	**Missä voisin nähdä aikataulun?** [missæ vojsin næhdæ ajkataulun?]
De quel quai?	**Miltä laiturilta?** [miltæ lajturilta?]
À quelle heure arrive le train à …?	**Milloin juna saapuu …?** [millojn juna sa:pu: …?]

Pouvez-vous m'aider, s'il vous plaît?	**Auttaisitko minua, kiitos.** [auttajsitko minua, ki:tos]
Je cherche ma place.	**Etsin paikkaani.** [etsin pajkka:ni]
Nous cherchons nos places.	**Etsimme paikkojamme.** [etsimme pajkkojamme]
Ma place est occupée.	**Paikkani on varattu.** [pajkkani on varattu]
Nos places sont occupées.	**Paikkamme ovat varattuja.** [pajkkamme ovat varattuja]

Excusez-moi, mais c'est ma place.	**Olen pahoillani, mutta tämä on minun paikkani.** [olen pahojllani, mutta tæmæ on minun pajkkani]
Est-ce que cette place est libre?	**Onko tämä paikka varattu?** [oŋko tæmæ pajkka varattu?]
Puis-je m'asseoir ici?	**Voinko istua tähän?** [vojŋko istua tæhæn?]

Sur le train - Dialogue (Pas de billet)

Votre billet, s'il vous plaît.	**Lippunne, kiitos.** [lippunne, ki:tos]
Je n'ai pas de billet.	**Minulla ei ole lippua.** [minulla ej ole lippua]
J'ai perdu mon billet.	**Kadotin lippuni.** [kadotin lippuni]
J'ai oublié mon billet à la maison.	**Unohdin lippuni kotiin.** [unohdin lippuni koti:n]

Vous pouvez m'acheter un billet.	**Voit ostaa lipun minulta.** [vojt osta: lipun minulta]
Vous devrez aussi payer une amende.	**Sinun täytyy maksaa myös sakko.** [sinun tæyty: maksa: myøs sakko]
D'accord.	**Hyvä on.** [hyʋæ on]
Où allez-vous?	**Minne olet menossa?** [minne olet menossa?]
Je vais à …	**Menen …** [menen …]

Combien? Je ne comprend pas.	**Kuinka paljon? En ymmärrä.** [kujŋka paljon? en ymmærræ]
Pouvez-vous l'écrire, s'il vous plaît.	**Voisitko kirjoittaa sen.** [vojsitko kirjojtta: sen]
D'accord. Puis-je payer avec la carte?	**Hyvä on.** **Voinko maksaa luottokortilla?** [hyʋæ on vojŋko maksa: luottokortilla?]
Oui, bien sûr.	**Kyllä voit.** [kyllæ ʋojt]

Voici votre reçu.	**Tässä on kuittinne.** [tæssæ on kujttinne]
Désolé pour l'amende.	**Olen pahoillani sakosta.** [olen pahojllani sakosta]
Ça va. C'est de ma faute.	**Ei hätää. Se oli minun vikani.** [ej hætæ:. se oli minun ʋikani]
Bon voyage.	**Mukavaa matkaa.** [mukaʋa: matka:]

Taxi

taxi	**taksi** [taksi]
chauffeur de taxi	**taksinkuljettaja** [taksiŋkuljettaja]
prendre un taxi	**ottaa taksi** [otta: taksi]
arrêt de taxi	**taksipysäkki** [taksipysækki]
Où puis-je trouver un taxi?	**Mistä voin saada taksin?** [mistæ vojn sa:da taksin?]
appeler un taxi	**soittaa taksi** [sojtta: taksi]
Il me faut un taxi.	**Tarvitsen taksin.** [tarvitsen taksin]
maintenant	**Juuri nyt.** [ju:ri nyt]
Quelle est votre adresse?	**Mikä on osoitteesi?** [mikæ on osojtte:si?]
Mon adresse est ...	**Osoitteeni on ...** [osojtte:ni on ...]
Votre destination?	**Mihin olet menossa?** [mihin olet menossa?]
Excusez-moi, ...	**Anteeksi, ...** [ante:ksi, ...]
Vous êtes libre ?	**Oletko vapaa?** [oletko vapa:?]
Combien ça coûte pour aller à ...?	**Kuinka paljon maksaa mennä ...?** [kujŋka paljon maksa: mennæ ...?]
Vous savez où ça se trouve?	**Tiedätkö, missä se on?** [tiedætkø, missæ se on?]
À l'aéroport, s'il vous plaît.	**Lentokentälle, kiitos.** [lentokentælle, ki:tos]
Arrêtez ici, s'il vous plaît.	**Pysähdy tähän, kiitos.** [pysæhdy tæhæn, ki:tos]
Ce n'est pas ici.	**Se ei ole täällä.** [se ej ole tæ:llæ]
C'est la mauvaise adresse.	**Tämä on väärä osoite.** [tæmæ on væ:ræ osojte]
tournez à gauche	**Käänny vasemmalle.** [kæ:nny vasemmalle]
tournez à droite	**Käänny oikealle.** [kæ:nny ojkealle]

Combien je vous dois?

Kuinka paljon olen velkaa?
[kujŋka paljon olen velka:?]

J'aimerais avoir un reçu, s'il vous plaît.

Voisinko saada kuitin.
[vojsiŋko sa:da kujtin]

Gardez la monnaie.

Voit pitää vaihtorahat.
[vojt pitæ: vajhtorahat]

Attendez-moi, s'il vous plaît ...

Odottaisitko minua?
[odottajsitko minua?]

cinq minutes

viisi minuuttia
[ʋi:si minu:ttia]

dix minutes

kymmenen minuuttia
[kymmenen minu:ttia]

quinze minutes

viisitoista minuuttia
[ʋi:sitojsta minu:ttia]

vingt minutes

kaksikymmentä minuuttia
[kaksikymmentæ minu:ttia]

une demi-heure

puoli tuntia
[puoli tuntia]

Hôtel

Bonjour.	**Hei.** [hej]
Je m'appelle ...	**Nimeni on ...** [nimeni on ...]
J'ai réservé une chambre.	**Minulla on varaus.** [minulla on ʋaraus]
Je voudrais ...	**Tarvitsen ...** [tarʋitsen ...]
une chambre simple	**yhden hengen huoneen** [yhden heŋgen huone:n]
une chambre double	**kahden hengen huoneen** [kahden heŋgen huone:n]
C'est combien?	**Kuinka paljon se maksaa?** [kujŋka paljon se maksa:?]
C'est un peu cher.	**Se on aika kallis.** [se on ajka kallis]
Avez-vous autre chose?	**Onko muita vaihtoehtoja?** [oŋko mujta ʋajhtoehtoja?]
Je vais la prendre.	**Otan sen.** [otan sen]
Je vais payer comptant.	**Maksan käteisellä.** [maksan kætejsellæ]
J'ai un problème.	**Minulla on ongelma.** [minulla on oŋgelma]
Mon ... est cassé /Ma ... est cassée/	**Minun ... on rikki.** [minun ... on rikki]
Mon /Ma/ ... ne fonctionne pas.	**Minun ... on epäkunnossa.** [minun ... on epækunnossa]
télé	**TV** [tɛʋɛ]
air conditionné	**ilmastointi** [ilmastojnti]
robinet	**hana** [hana]
douche	**suihku** [sujhku]
évier	**allas** [allas]
coffre-fort	**kassakaappi** [kassaka:ppi]

serrure de porte	oven lukko
	[oʋen lukko]
prise électrique	sähköpistorasia
	[sæhkøpistorasia]
sèche-cheveux	hiustenkuivaaja
	[hiusteŋkujʋa:ja]

Je n'ai pas …	Huoneessani ei ole …
	[huone:ssani ej ole …]
d'eau	vettä
	[ʋettæ]
de lumière	valoa
	[ʋaloa]
d'électricité	sähköä
	[sæhkøæ]

Pouvez-vous me donner …?	Voisitko antaa minulle …?
	[vojsitko anta: minulle …?]
une serviette	pyyhkeen
	[py:hke:n]
une couverture	peitteen
	[pejtte:n]
des pantoufles	aamutossut
	[a:mutossut]
une robe de chambre	aamutakin
	[a:mutakin]
du shampoing	sampoo
	[sampo:]
du savon	saippuan
	[sajppuan]

Je voudrais changer ma chambre.	Haluaisin vaihtaa huonetta.
	[haluajsin ʋajhta: huonetta]
Je ne trouve pas ma clé.	En löydä avaintani.
	[en løydæ aʋajntani]
Pourriez-vous ouvrir ma chambre, s'il vous plaît?	Voisitko avata huoneeni oven?
	[vojsitko aʋata huone:ni oʋen?]
Qui est là?	Kuka siellä?
	[kuka siellæ?]
Entrez!	Tule sisään!
	[tule sisæ:n!]
Une minute!	Hetki vain!
	[hetki ʋajn!]
Pas maintenant, s'il vous plaît.	Ei juuri nyt, kiitos.
	[ej ju:ri nyt, ki:tos]

Pouvez-vous venir à ma chambre, s'il vous plaît.	Voisitko tulla huoneeseeni.
	[vojsitko tulla huone:se:ni]
J'aimerais avoir le service d'étage.	Haluaisin tilata huonepalvelusta.
	[haluajsin tilata huonepalʋelusta]
Mon numéro de chambre est le …	Huoneeni numero on …
	[huone:ni numero on …]

Je pars ...	**Olen lähdössä ...** [olen ʎæhdøssæ ...]
Nous partons ...	**Olemme lähdössä ...** [olemme ʎæhdøssæ ...]
maintenant	**juuri nyt** [juːri nyt]
cet après-midi	**tänä iltapäivänä** [tænæ iltɑpæjʋænæ]
ce soir	**tänä iltana** [tænæ iltɑnɑ]
demain	**huomenna** [huomennɑ]
demain matin	**huomenaamuna** [huomenɑːmunɑ]
demain après-midi	**huomenillalla** [huomenillɑllɑ]
après-demain	**ylihuomenna** [ylihuomennɑ]

Je voudrais régler mon compte.	**Haluaisin maksaa.** [hɑluɑjsin mɑksɑː]
Tout était merveilleux.	**Kaikki oli mahtavaa.** [kɑjkki oli mɑhtɑʋɑː]
Où puis-je trouver un taxi?	**Mistä voin saada taksin?** [mistæ ʋojn sɑːdɑ taksin?]
Pourriez-vous m'appeler un taxi, s'il vous plaît?	**Voisitko soittaa minulle taksin, kiitos?** [vojsitko sojttɑː minulle taksin, kiːtos?]

Restaurant

Puis-je voir le menu, s'il vous plaît?

Saisinko katsoa ruokalistaa, kiitos?
[sɑjsiŋko kɑtsoɑ ruokɑlistɑ:, ki:tos?]

Une table pour une personne.

Pöytä yhdelle.
[pøytæ yhdelle]

Nous sommes deux (trois, quatre).

Meitä on kaksi (kolme, neljä).
[mejtæ on kɑksi (kolme, neljæ)]

Fumeurs

Tupakointi
[tupɑkojnti]

Non-fumeurs

Tupakointi kielletty
[tupɑkojnti kielletty]

S'il vous plaît!

Anteeksi!
[ɑnte:ksi!]

menu

ruokalista
[ruokɑlistɑ]

carte des vins

viinilista
[ʋi:nilistɑ]

Le menu, s'il vous plaît.

Ruokalista, kiitos.
[ruokɑlistɑ, ki:tos]

Êtes-vous prêts à commander?

Oletteko valmis tilaamaan?
[oletteko ʋɑlmis tilɑ:mɑ:n?]

Qu'allez-vous prendre?

Mitä haluaisitte?
[mitæ hɑluɑjsitte?]

Je vais prendre ...

Otan ...
[otɑn ...]

Je suis végétarien.

Olen kasvissyöjä.
[olen kɑsʋissyøjæ]

viande

liha
[lihɑ]

poisson

kala
[kɑlɑ]

légumes

vihannekset
[ʋihɑnnekset]

Avez-vous des plats végétariens?

Onko teillä kasvisruokaa?
[oŋko tejllæ kɑsʋisruokɑ:?]

Je ne mange pas de porc.

En syö sianlihaa.
[en syø siɑnlihɑ:]

Il /elle/ ne mange pas de viande.

Hän ei syö lihaa.
[hæn ej syø lihɑ:]

Je suis allergique à ...

Olen allerginen ...
[olen ɑllerginen ...]

Pourriez-vous m'apporter …, s'il vous plaît.	**Toisitteko minulle …** [tojsitteko minulle …]
le sel | le poivre | du sucre	**suola | pippuri | sokeri** [suola | pippuri | sokeri]
un café | un thé | un dessert	**kahvi | tee | jälkiruoka** [kahʋi | te: | jælkiruoka]
de l'eau | gazeuse | plate	**vesi | hiilihapollinen | tavallinen** [ʋesi | hi:lihapollinen | taʋallinen]
une cuillère | une fourchette | un couteau	**lusikka | haarukka | veitsi** [lusikka | hɑ:rukka | ʋejtsi]
une assiette | une serviette	**lautanen | lautasliina** [lautanen | lautasli:na]

Bon appétit!	**Hyvää ruokahalua!** [hyʋæ: ruokahalua!]
Un de plus, s'il vous plaît.	**Toinen samanlainen, kiitos.** [tojnen samanlajnen, ki:tos]
C'était délicieux.	**Se oli todella herkullista.** [se oli todella herkullista]

l'addition | de la monnaie | le pourboire	**lasku | vaihtoraha | tippi** [lasku | ʋajhtoraha | tippi]
L'addition, s'il vous plaît.	**Lasku, kiitos.** [lasku, ki:tos]
Puis-je payer avec la carte?	**Voinko maksaa luottokortilla?** [vojŋko maksa: luottokortilla?]
Excusez-moi, je crois qu'il y a une erreur ici.	**Olen pahoillani, mutta tässä on virhe.** [olen pahojllani, mutta tæssæ on ʋirhe]

Shopping. Faire les Magasins

Est-ce que je peux vous aider?	**Voinko auttaa?** [vojŋko autta:?]
Avez-vous ... ?	**Onko teillä ...?** [oŋko tejllæ ...?]
Je cherche ...	**Etsin ...** [etsin ...]
Il me faut ...	**Tarvitsen ...** [tarʋitsen ...]

Je regarde seulement, merci.	**Katselen vain.** [katselen ʋajn]
Nous regardons seulement, merci.	**Katselemme vain.** [katselemme ʋajn]
Je reviendrai plus tard.	**Palaan takaisin myöhemmin.** [pala:n takajsin myøhemmin]
On reviendra plus tard.	**Palaamme takaisin myöhemmin.** [pala:mme takajsin myøhemmin]
Rabais	Soldes	**alennukset	ale** [alennukset	ale]

Montrez-moi, s'il vous plaît ...	**Näyttäisitkö minulle ...** [næyttæjsitkø minulle ...]
Donnez-moi, s'il vous plaît ...	**Antaisitko minulle ...** [antajsitko minulle ...]
Est-ce que je peux l'essayer?	**Voinko kokeilla tätä?** [vojŋko kokejlla tætæ?]
Excusez-moi, où est la cabine d'essayage?	**Anteeksi, missä on sovituskoppi?** [ante:ksi, missæ on soʋituskoppi?]
Quelle couleur aimeriez-vous?	**Minkä värisen haluaisitte?** [miŋkæ ʋærisen haluajsitte?]
taille	longueur	**koko	pituus** [koko	pitu:s]
Est-ce que la taille convient ?	**Kuinka tämä istuu?** [kujŋka tæmæ istu:?]

Combien ça coûte?	**Kuinka paljon se maksaa?** [kujŋka paljon se maksa:?]
C'est trop cher.	**Se on liian kallis.** [se on li:an kallis]
Je vais le prendre.	**Otan sen.** [otan sen]
Excusez-moi, où est la caisse?	**Anteeksi, missä voin maksaa?** [ante:ksi, missæ ʋojn maksa:?]

Payerez-vous comptant ou par carte de crédit?	**Maksatteko käteisellä vai luottokortilla?** [maksatteko kætejsellæ uaj luottokortilla?]
Comptant | par carte de crédit	**Käteisellä | luottokortilla** [kætejsellæ | luottokortilla]

Voulez-vous un reçu?	**Haluaisitteko kuitin?** [haluajsitteko kujtin?]
Oui, s'il vous plaît.	**Kyllä kiitos.** [kyllæ ki:tos]
Non, ce n'est pas nécessaire.	**Ei, en halua.** [ej, en halua]
Merci. Bonne journée!	**Kiitos. Mukavaa päivää!** [ki:tos. mukaua: pæjuæ:!]

En ville

Excusez-moi, ...	**Anteeksi.** [ante:ksi]
Je cherche ...	**Etsin ...** [etsin ...]
le métro	**metro** [metro]
mon hôtel	**hotellini** [hotellini]
le cinéma	**elokuvateatteri** [elokuʋateatteri]
un arrêt de taxi	**taksipysäkki** [taksipysækki]

un distributeur	**pankkiautomaatti** [paŋkkiautoma:tti]
un bureau de change	**valuutanvaihtopiste** [ʋalu:tanʋajhtopiste]
un café internet	**Internet-kahvila** [internet-kahʋila]
la rue ...	**... katu** [... katu]
cette place-ci	**tämä paikka** [tæmæ pajkka]

Savez-vous où se trouve ...?	**Tiedättekö, missä on ...?** [tiedættekø, missæ on ...?]
Quelle est cette rue?	**Mikä katu tämä on?** [mikæ katu tæmæ on?]
Montrez-moi où sommes-nous, s'il vous plaît.	**Voisitteko näyttää minulle, missä me olemme nyt.** [vojsitteko næyttæ: minulle, missæ me olemme nyt]
Est-ce que je peux y aller à pied?	**Voiko sinne kävellä?** [vojko sinne kæʋellæ?]
Avez-vous une carte de la ville?	**Onko teillä kaupungin karttaa?** [oŋko tejllæ kaupuŋgin kartta:?]

C'est combien pour un ticket?	**Kuinka paljon pääsylippu maksaa?** [kujnka paljon pæ:sylippu maksa:?]
Est-ce que je peux faire des photos?	**Voinko ottaa täällä kuvia?** [vojnko otta: tæ:llæ kuʋia?]
Êtes-vous ouvert?	**Oletteko auki?** [oletteko auki?]

À quelle heure ouvrez-vous? **Milloin aukeatte?**
[millojn aukeatte?]

À quelle heure fermez-vous? **Milloin menette kiinni?**
[millojn menette ki:nni?]

L'argent

argent	**raha** [raha]
argent liquide	**käteinen** [kætejnen]
des billets	**setelit** [setelit]
petite monnaie	**pikkuraha** [pikkuraha]
l'addition | de la monnaie | le pourboire	**lasku | vaihtoraha | tippi** [lasku | vajhtoraha | tippi]

carte de crédit	**luottokortti** [luottokortti]
portefeuille	**lompakko** [lompakko]
acheter	**ostaa** [osta:]
payer	**maksaa** [maksa:]
amende	**sakko** [sakko]
gratuit	**ilmainen** [ilmajnen]

Où puis-je acheter … ?	**Mistä voin ostaa …?** [mistæ vojn osta: …?]
Est-ce que la banque est ouverte en ce moment?	**Onko pankki nyt auki?** [oŋko paŋkki nyt auki?]
À quelle heure ouvre-t-elle?	**Milloin se aukeaa?** [millojn se aukea:?]
À quelle heure ferme-t-elle?	**Milloin se menee kiinni?** [millojn se mene: ki:nni?]

C'est combien?	**Kuinka paljon?** [kujŋka paljon?]
Combien ça coûte?	**Kuinka paljon tämä maksaa?** [kujŋka paljon tæmæ maksa:?]
C'est trop cher.	**Se on liian kallis.** [se on li:an kallis]

Excusez-moi, où est la caisse?	**Anteeksi, missä voin maksaa?** [ante:ksi, missæ vojn maksa:?]
L'addition, s'il vous plaît.	**Lasku, kiitos.** [lasku, ki:tos]

Puis-je payer avec la carte?	**Voinko maksaa luottokortilla?** [vojŋko maksa: luottokortilla?]
Est-ce qu'il y a un distributeur ici?	**Onko täällä pankkiautomaattia?** [oŋko tæ:llæ paŋkkiautoma:ttia?]
Je cherche un distributeur.	**Etsin pankkiautomaattia.** [etsin paŋkkiautoma:ttia]
Je cherche un bureau de change.	**Etsin valuutanvaihtopistettä.** [etsin valu:tanvajhtopistettæ]
Je voudrais changer ...	**Haluaisin vaihtaa ...** [haluajsin vajhta: ...]
Quel est le taux de change?	**Mikä on vaihtokurssi?** [mikæ on vajhtokurssi?]
Avez-vous besoin de mon passeport?	**Tarvitsetteko passini?** [tarvitsetteko passini?]

Le temps

Quelle heure est-il?	**Paljonko kello on?** [paljoŋko kello on?]
Quand?	**Milloin?** [millojn?]
À quelle heure?	**Mihin aikaan?** [mihin ajka:n?]
maintenant | plus tard | après ...	**nyt | myöhemmin | jälkeen ...** [nyt | myøhemmin | jælke:n ...]

une heure	**kello yksi** [kello yksi]
une heure et quart	**vartin yli yksi** [ʋartin yli yksi]
une heure et demie	**puoli kaksi** [puoli kaksi]
deux heures moins quart	**varttia vaille kaksi** [ʋarttia ʋajlle kaksi]

un | deux | trois	**yksi | kaksi | kolme** [yksi | kaksi | kolme]
quatre | cinq | six	**neljä | viisi | kuusi** [neljæ | ʋi:si | ku:si]
sept | huit | neuf	**seitsemän | kahdeksan | yhdeksän** [sejtsemæn | kahdeksan | yhdeksæn]
dix | onze | douze	**kymmenen | yksitoista | kaksitoista** [kymmenen | yksitojsta | kaksitojsta]

dans ...	**... kuluttua** [... kuluttua]
cinq minutes	**viiden minuutin kuluttua** [ʋi:den minu:tin kuluttua]
dix minutes	**kymmenen minuutin kuluttua** [kymmenen minu:tin kuluttua]
quinze minutes	**viidentoista minuutin kuluttua** [ʋi:dentojsta minu:tin kuluttua]
vingt minutes	**kahdenkymmenen minuutin kuluttua** [kahdeŋkymmenen minu:tin kuluttua]

une demi-heure	**puolen tunnin kuluttua** [puolen tunnin kuluttua]
une heure	**tunnin kuluttua** [tunnin kuluttua]

dans la matinée	**aamulla** [a:mulla]
tôt le matin	**aikaisin aamulla** [ajkajsin a:mulla]
ce matin	**tänä aamuna** [tænæ a:muna]
demain matin	**huomenaamuna** [huomena:muna]
à midi	**keskipäivällä** [keskipæjʋællæ]
dans l'après-midi	**iltapäivällä** [iltapæjʋællæ]
dans la soirée	**illalla** [illalla]
ce soir	**tänä iltana** [tænæ iltana]
la nuit	**yöllä** [yøllæ]
hier	**eilen** [ejlen]
aujourd'hui	**tänään** [tænæ:n]
demain	**huomenna** [huomenna]
après-demain	**ylihuomenna** [ylihuomenna]
Quel jour sommes-nous aujourd'hui?	**Mikä päivä tänään on?** [mikæ pæjʋæ tænæ:n on?]
Nous sommes ...	**Tänään on ...** [tænæ:n on ...]
lundi	**maanantai** [ma:nantaj]
mardi	**tiistai** [ti:staj]
mercredi	**keskiviikko** [keskiʋi:kko]
jeudi	**torstai** [torstaj]
vendredi	**perjantai** [perjantaj]
samedi	**lauantai** [lauantaj]
dimanche	**sunnuntai** [sunnuntaj]

Salutations - Introductions

Bonjour.	**Hei.** [hej]
Enchanté /Enchantée/	**Mukava tavata.** [mukaʋa taʋata]
Moi aussi.	**Samoin.** [samojn]
Je voudrais vous présenter ...	**Saanko esitellä ...** [saːŋko esitellæ ...]
Ravi /Ravie/ de vous rencontrer.	**Hauska tavata.** [hauska taʋata]

Comment allez-vous?	**Kuinka voit?** [kujŋka ʋojt?]
Je m'appelle ...	**Nimeni on ...** [nimeni on ...]
Il s'appelle ...	**Hänen nimensä on ...** [hænen nimensæ on ...]
Elle s'appelle ...	**Hänen nimensä on ...** [hænen nimensæ on ...]
Comment vous appelez-vous?	**Mikä sinun nimesi on?** [mikæ sinun nimesi on?]
Quel est son nom?	**Mikä hänen nimensä on?** [mikæ hænen nimensæ on?]
Quel est son nom?	**Mikä hänen nimensä on?** [mikæ hænen nimensæ on?]

Quel est votre nom de famille?	**Mikä on sukunimesi?** [mikæ on sukunimesi?]
Vous pouvez m'appeler ...	**Voit soittaa minulle ...** [vojt sojtta: minulle ...]
D'où êtes-vous?	**Mistä olet kotoisin?** [mistæ olet kotojsin?]
Je suis de ...	**Olen ...** [olen ...]
Qu'est-ce que vous faites dans la vie?	**Mitä teet työksesi?** [mitæ te:t tyøksesi?]
Qui est-ce?	**Kuka tämä on?** [kuka tæmæ on?]
Qui est-il?	**Kuka hän on?** [kuka hæn on?]
Qui est-elle?	**Kuka hän on?** [kuka hæn on?]
Qui sont-ils?	**Keitä he ovat?** [kejtæ he oʋat?]

C'est …	Tämä on … [tæmæ on …]
mon ami	ystäväni [ystæʋæni]
mon amie	ystäväni [ystæʋæni]
mon mari	mieheni [mieheni]
ma femme	vaimoni [ʋɑjmoni]

mon père	isäni [isæni]
ma mère	äitini [æjtini]
mon frère	veljeni [ʋeljeni]
ma sœur	siskoni [siskoni]
mon fils	poikani [pojkɑni]
ma fille	tyttäreni [tyttæreni]

C'est notre fils.	Tämä on poikamme. [tæmæ on pojkɑmme]
C'est notre fille.	Tämä on tyttäremme. [tæmæ on tyttæremme]
Ce sont mes enfants.	Nämä ovat lapsiani. [næmæ oʋɑt lɑpsiɑni]
Ce sont nos enfants.	Nämä ovat lapsiamme. [næmæ oʋɑt lɑpsiɑmme]

Les adieux

Au revoir!	**Näkemiin!** [nækemi:n!]
Salut!	**Hei hei!** [hej hej!]
À demain.	**Nähdään huomenna.** [næhdæ:n huomenna]
À bientôt.	**Nähdään pian.** [næhdæ:n pian]
On se revoit à sept heures.	**Nähdään seitsemältä.** [næhdæ:n sejtsemæltæ]

Amusez-vous bien!	**Pitäkää hauskaa!** [pitækæ: hauska:!]
On se voit plus tard.	**Jutellaan myöhemmin.** [jutella:n myøhemmin]
Bonne fin de semaine.	**Hyvää viikonloppua!** [hyʋæ: ʋi:konloppua!]
Bonne nuit.	**Hyvää yötä.** [hyʋæ: yøtæ]

Il est l'heure que je parte.	**Minun on aika lähteä.** [minun on ajka ʎæhteæ]
Je dois m'en aller.	**Minun täytyy lähteä.** [minun tæyty: ʎæhteæ]
Je reviens tout de suite.	**Tulen kohta takaisin.** [tulen kohta takajsin]

Il est tard.	**On myöhä.** [on myøhæ]
Je dois me lever tôt.	**Minun täytyy nousta aikaisin.** [minun tæyty: nousta ajkajsin]
Je pars demain.	**Lähden huomenna.** [ʎæhden huomenna]
Nous partons demain.	**Lähdemme huomenna.** [ʎæhdemme huomenna]

Bon voyage!	**Hyvää matkaa!** [hyʋæ: matka:!]
Enchanté de faire votre connaissance.	**Oli mukava tavata.** [oli mukaʋa taʋata]
Heureux /Heureuse/ d'avoir parlé avec vous.	**Oli mukava jutella.** [oli mukaʋa jutella]
Merci pour tout.	**Kiitos kaikesta.** [ki:tos kajkesta]

Je me suis vraiment amusé /amusée/	**Minulla oli tosi hauskaa.** [minulla oli tosi hauska:]
Nous nous sommes vraiment amusés /amusées/	**Meillä oli tosi hauskaa.** [mejllæ oli tosi hauska:]
C'était vraiment plaisant.	**Se oli tosi mahtavaa.** [se oli tosi mahtaʋa:]
Vous allez me manquer.	**Tulen kaipaamaan sinua.** [tulen kajpɑ:mɑ:n sinua]
Vous allez nous manquer.	**Tulemme kaipaamaan sinua/teitä.** [tulemme kajpɑ:mɑ:n sinua/tejtæ]

Bonne chance!	**Onnea matkaan!** [onnea matkɑ:n!]
Mes salutations à ...	**Kerro terveisiä ...** [kerro terʋejsiæ ...]

Une langue étrangère

Je ne comprends pas.	**En ymmärrä.** [en ymmærræ]
Écrivez-le, s'il vous plaît.	**Voisitko kirjoittaa sen.** [vojsitko kirjojtta: sen]
Parlez-vous ...?	**Puhutko ...?** [puhutko ...?]
Je parle un peu ...	**Puhun vähän ...** [puhun væhæn ...]
anglais	**englantia** [eŋglantia]
turc	**turkkia** [turkkia]
arabe	**arabiaa** [arabia:]
français	**ranskaa** [ranska:]
allemand	**saksaa** [saksa:]
italien	**italiaa** [italia:]
espagnol	**espanjaa** [espanja:]
portugais	**portugalia** [portugalia]
chinois	**kiinaa** [ki:na:]
japonais	**japania** [japania]
Pouvez-vous le répéter, s'il vous plaît.	**Voisitko toistaa, kiitos.** [vojsitko tojsta:, ki:tos]
Je comprends.	**Ymmärrän.** [ymmærræn]
Je ne comprends pas.	**En ymmärrä.** [en ymmærræ]
Parlez plus lentement, s'il vous plaît.	**Voisitko puhua hitaammin.** [vojsitko puhua hita:mmin]
Est-ce que c'est correct?	**Onko tämä oikein?** [oŋko tæmæ ojkejn?]
Qu'est-ce que c'est?	**Mikä tämä on?** [mikæ tæmæ on?]

Les excuses

Excusez-moi, s'il vous plaît.
Anteeksi.
[ante:ksi]

Je suis désolé /désolée/
Olen pahoillani.
[olen pahojllani]

Je suis vraiment /désolée/
Olen todella pahoillani.
[olen todella pahojllani]

Désolé /Désolée/, c'est ma faute.
Anteeksi, se on minun vikani.
[ante:ksi, se on minun vikani]

Au temps pour moi.
Minun virheeni.
[minun virhe:ni]

Puis-je ... ?
Saanko ...?
[sɑ:ŋko ...?]

Ça vous dérange si je ...?
Haittaakko jos ...?
[hajtta:kko jos ...?]

Ce n'est pas grave.
Se on OK.
[se on ok]

Ça va.
Ole hyvä.
[ole hyvæ]

Ne vous inquiétez pas.
Ei tarvitse kiittää.
[ej tarvitse ki:ttæ:]

Les accords

Oui	**Kyllä.** [kyllæ]
Oui, bien sûr.	**Kyllä, varmasti.** [kyllæ, ʋarmasti]
Bien.	**OK! Hyvä!** [ok! hyʋæ!]
Très bien.	**Hyvä on.** [hyʋæ on]
Bien sûr!	**Totta kai!** [totta kɑj!]
Je suis d'accord.	**Olen samaa mieltä.** [olen sɑmɑ: mieltæ]

C'est correct.	**Näin se on.** [næjn se on]
C'est exact.	**Juuri niin.** [ju:ri ni:n]
Vous avez raison.	**Olet oikeassa.** [olet ojkeɑssɑ]
Je ne suis pas contre.	**Ei se minua haittaa.** [ej se minuɑ hɑjttɑ:]
Tout à fait correct.	**Täysin oikein.** [tæysin ojkejn]

C'est possible.	**Se on mahdollista.** [se on mɑhdollistɑ]
C'est une bonne idée.	**Tuo on hyvä idea.** [tuo on hyʋæ ideɑ]
Je ne peux pas dire non.	**En voi kieltäytyä.** [en ʋoj kieltæytyæ]
J'en serai ravi /ravie/	**Mielelläni.** [mielellæni]
Avec plaisir.	**Mielihyvin.** [mielihyʋin]

Refus, exprimer le doute

Non	**Ei.** [ej]
Absolument pas.	**Ei todellakaan.** [ej todellaka:n]
Je ne suis pas d'accord.	**En ole samaa mieltä.** [en ole sama: mieltæ]
Je ne le crois pas.	**En usko.** [en usko]
Ce n'est pas vrai.	**Se ei ole totta.** [se ej ole totta]

Vous avez tort.	**Olet väärässä.** [olet uæ:ræssæ]
Je pense que vous avez tort.	**Luulen, että olet väärässä.** [lu:len, ettæ olet uæ:ræssæ]
Je ne suis pas sûr /sûre/	**En ole varma.** [en ole uarma]

C'est impossible.	**Se on mahdotonta.** [se on mahdotonta]
Pas du tout!	**Ei mitään sellaista!** [ej mitæ:n sellajsta!]

Au contraire!	**Täysin päinvastoin.** [tæysin pæjnuastojn]
Je suis contre.	**Vastustan sitä.** [vastustan sitæ]
Ça m'est égal.	**En välitä.** [en uælitæ]
Je n'ai aucune idée.	**Minulla ei ole aavistustakaan.** [minulla ej ole a:uistustaka:n]
Je doute que cela soit ainsi.	**Epäilen sitä.** [epæjlen sitæ]

Désolé /Désolée/, je ne peux pas.	**Olen pahoillani, mutta en voi.** [olen pahojllani, mutta en uoj]
Désolé /Désolée/, je ne veux pas.	**Olen pahoillani, mutta en halua.** [olen pahojllani, mutta en halua]

Merci, mais ça ne m'intéresse pas.	**Kiitos, mutta en tarvitse tätä.** [ki:tos, mutta en taruitse tætæ]
Il se fait tard.	**Alkaa olla jo myöhä.** [alka: olla jo myøhæ]

Je dois me lever tôt.

Minun täytyy nousta aikaisin.
[minun tæyty: nousta ajkajsin]

Je ne me sens pas bien.

En voi hyvin.
[en ʋoj hyʋin]

Exprimer la gratitude

Merci.	**Kiitos.** [ki:tos]
Merci beaucoup.	**Tuhannet kiitokset.** [tuhannet ki:tokset]
Je l'apprécie beaucoup.	**Arvostan sitä todella.** [aruostan sitæ todella]
Je vous suis très reconnaissant.	**Olen tosi kiitollinen sinulle.** [olen tosi ki:tollinen sinulle]
Nous vous sommes très reconnaissant.	**Olemme tosi kiitollisia sinulle.** [olemme tosi ki:tollisia sinulle]

Merci pour votre temps.	**Kiitos ajastasi.** [ki:tos ajastasi]
Merci pour tout.	**Kiitos kaikesta.** [ki:tos kajkesta]
Merci pour …	**Kiitos …** [ki:tos …]
votre aide	**avustasi** [auustasi]
les bons moments passés	**mukavasta ajasta** [mukauasta ajasta]

un repas merveilleux	**ihanasta ateriasta** [ihanasta ateriasta]
cette agréable soirée	**mukavasta illasta** [mukauasta illasta]
cette merveilleuse journée	**ihanasta päivästä** [ihanasta pæjuæstæ]
une excursion extraordinaire	**mahtavasta matkasta** [mahtauasta matkasta]

Il n'y a pas de quoi.	**Ei kestä.** [ej kestæ]
Vous êtes les bienvenus.	**Ole hyvä.** [ole hyuæ]
Mon plaisir.	**Eipä kestä.** [ejpæ kestæ]
J'ai été heureux /heureuse/ de vous aider.	**Ilo on kokonaan minun puolellani.** [ilo on kokona:n minun puolellani]
Ça va. N'y pensez plus.	**Unohda se.** [unohda se]
Ne vous inquiétez pas.	**Ei tarvitse kiittää.** [ej taruitse ki:ttæ:]

Félicitations. Vœux de fête

Félicitations!

Joyeux anniversaire!

Joyeux Noël!

Bonne Année!

Onnittelut!
[onnittelut!]

Hyvää syntymäpäivää!
[hyʋæ: syntymæpæjʋæ:!]

Hyvää joulua!
[hyʋæ: joulua!]

Onnellista Uutta Vuotta!
[onnellista uutta vuotta!]

Joyeuses Pâques!

Joyeux Hanoukka!

Hyvää Pääsiäistä!
[hyʋæ: pæ:siæjstæ!]

Onnellista Hanukkaa!
[onnellista hanukka:!]

Je voudrais proposer un toast.

Santé!

Buvons à ...!

À notre succès!

À votre succès!

Haluaisin ehdottaa maljaa.
[haluajsin ehdotta: malja:]

Kippis!
[kippis!]

Malja ...!
[malja ...!]

Menestykselle!
[menestykselle!]

Menestyksellesi!
[menestyksellesi!]

Bonne chance!

Bonne journée!

Passez de bonnes vacances !

Bon voyage!

Rétablissez-vous vite.

Onnea matkaan!
[onnea matka:n!]

Mukavaa päivää!
[mukaʋa: pæjʋæ:!]

Mukavaa lomaa!
[mukaʋa: loma:!]

Turvallista matkaa!
[turʋallista matka:!]

Toivon että paranet pian!
[tojʋon ettæ paranet pian!]

Socialiser

Pourquoi êtes-vous si triste?	**Miksi olet surullinen?** [miksi olet surullinen?]
Souriez!	**Hymyile! Piristy!** [hymyile! piristy!]
Êtes-vous libre ce soir?	**Oletko vapaa tänä iltana?** [oletko ʋapɑ: tænæ iltɑnɑ?]

Puis-je vous offrir un verre?	**Voinko tarjota sinulle juotavaa?** [vojŋko tarjotɑ sinulle juotɑʋɑ?]
Voulez-vous danser?	**Haluaisitko tulla tanssimaan?** [haluɑjsitko tulla tanssimɑ:n?]
Et si on va au cinéma?	**Mennään elokuviin.** [mennæ:n elokuʋi:n]

Puis-je vous inviter …	**Saanko kutsua sinut …?** [sɑ:ŋko kutsuɑ sinut …?]
au restaurant	**ravintolaan** [rɑʋintolɑ:n]
au cinéma	**elokuviin** [elokuʋi:n]
au théâtre	**teatteriin** [teatteri:n]
pour une promenade	**kävelylle** [kæʋelylle]

À quelle heure?	**Mihin aikaan?** [mihin ɑjkɑ:n?]
ce soir	**tänä iltana** [tænæ iltɑnɑ]
à six heures	**kuudelta** [ku:delta]
à sept heures	**seitsemältä** [sejtsemæltæ]
à huit heures	**kahdeksalta** [kahdeksalta]
à neuf heures	**yhdeksältä** [yhdeksæltæ]

Est-ce que vous aimez cet endroit?	**Pidätkö tästä paikasta?** [pidætkø tæstæ pɑjkɑstɑ?]
Êtes-vous ici avec quelqu'un?	**Oletko täällä jonkun kanssa?** [oletko tæ:llæ joŋkun kɑnssɑ?]
Je suis avec mon ami.	**Olen ystäväni kanssa.** [olen ystæʋæni kɑnssɑ]

Je suis avec mes amis.	**Olen ystävieni kanssa.** [olen ystæʋieni kanssa]
Non, je suis seul /seule/	**Ei, olen yksin.** [ej, olen yksin]

As-tu un copain?	**Onko sinulla poikaystävää?** [oŋko sinulla pojkaystæʋæ:?]
J'ai un copain.	**Minulla on poikaystävä.** [minulla on pojkaystæʋæ]
As-tu une copine?	**Onko sinulla tyttöystävää?** [oŋko sinulla tyttøystæʋæ:?]
J'ai une copine.	**Minulla on tyttöystävä.** [minulla on tyttøystæʋæ]

Est-ce que je peux te revoir?	**Saanko tavata sinut uudelleen?** [sa:ŋko taʋata sinut u:delle:n?]
Est-ce que je peux t'appeler?	**Saanko soittaa sinulle?** [sa:ŋko sojtta: sinulle?]
Appelle-moi.	**Soita minulle.** [sojta minulle]
Quel est ton numéro?	**Mikä on puhelinnumerosi?** [mikæ on puhelinnumerosi?]
Tu me manques.	**Kaipaan sinua.** [kajpa:n sinua]

Vous avez un très beau nom.	**Sinulla on kaunis nimi.** [sinulla on kaunis nimi]
Je t'aime.	**Rakastan sinua.** [rakastan sinua]
Veux-tu te marier avec moi?	**Menisitkö naimisiin kanssani?** [menisitkø najmisi:n kanssani?]
Vous plaisantez!	**Lasket leikkiä!** [lasket lejkkiæ!]
Je plaisante.	**Lasken vain leikkiä.** [lasken ʋajn lejkkiæ]

Êtes-vous sérieux /sérieuse/?	**Oletko tosissasi?** [oletko tosissasi?]
Je suis sérieux /sérieuse/	**Olen tosissani.** [olen tosissani]
Vraiment?!	**Ihanko totta?!** [ihaŋko totta?!]
C'est incroyable!	**Se on uskomatonta!** [se on uskomatonta!]
Je ne vous crois pas.	**En usko sinua.** [en usko sinua]
Je ne peux pas.	**En voi.** [en ʋoj]
Je ne sais pas.	**En tiedä.** [en tiedæ]
Je ne vous comprends pas	**En ymmärrä sinua.** [en ymmærræ sinua]

Laissez-moi! Allez-vous-en!

Laissez-moi tranquille!

Ole hyvä mene pois.
[ole hyʋæ mene pojs]

Jätä minut rauhaan!
[jætæ minut rauhɑ:n!]

Je ne le supporte pas.

Vous êtes dégoûtant!

Je vais appeler la police!

En voi sietää häntä.
[en ʋoj sietæ: hæntæ]

Olet inhottava!
[olet inhottɑʋɑ!]

Soitan poliisille!
[sojtɑn poli:sille!]

Partager des impressions. Émotions

J'aime ça.	**Pidän siitä.** [pidæn si:tæ]
C'est gentil.	**Tosi kiva.** [tosi kiʋɑ]
C'est super!	**Sepä hienoa!** [sepæ hienoɑ!]
C'est assez bien.	**Ei huono.** [ej huono]

Je n'aime pas ça.	**En pidä siitä.** [en pidæ si:tæ]
Ce n'est pas bien.	**Se ei ole hyvä.** [se ej ole hyʋæ]
C'est mauvais.	**Se on huono.** [se on huono]
Ce n'est pas bien du tout.	**Se on tosi huono.** [se on tosi huono]
C'est dégoûtant.	**Se on inhottava.** [se on inhottɑʋɑ]

Je suis content /contente/	**Olen onnellinen.** [olen onnellinen]
Je suis heureux /heureuse/	**Olen tyytyväinen.** [olen ty:tyʋæjnen]
Je suis amoureux /amoureuse/	**Olen rakastunut.** [olen rɑkɑstunut]
Je suis calme.	**Olen rauhallinen.** [olen rɑuhɑllinen]
Je m'ennuie.	**Olen tylsistynyt.** [olen tylsistynyt]

Je suis fatigué /fatiguée/	**Olen väsynyt.** [olen ʋæsynyt]
Je suis triste.	**Olen surullinen.** [olen surullinen]
J'ai peur.	**Olen peloissani.** [olen pelojssɑni]

Je suis fâché /fâchée/	**Olen vihainen.** [olen ʋihɑjnen]
Je suis inquiet /inquiète/	**Olen huolissani.** [olen huolissɑni]
Je suis nerveux /nerveuse/	**Olen hermostunut.** [olen hermostunut]

Je suis jaloux /jalouse/   **Olen mustasukkainen.**
[olen mustasukkajnen]

Je suis surpris /surprise/   **Olen yllättynyt.**
[olen yllættynyt]

Je suis gêné /gênée/   **Olen hämilläni.**
[olen hæmillæni]

Problèmes. Accidents

J'ai un problème.

Minulla on ongelma.
[minulla on oŋgelma]

Nous avons un problème.

Meillä on ongelma.
[mejllæ on oŋgelma]

Je suis perdu /perdue/

Olen eksynyt.
[olen eksynyt]

J'ai manqué le dernier bus (train).

**Myöhästyin viimeisestä
bussista (junasta).**
[myøhæstyin ʋi:mejsestæ
bussista (junasta)]

Je n'ai plus d'argent.

Minulla ei ole ollenkaan rahaa jäljellä.
[minulla ej ole olleŋka:n raha: jæljellæ]

J'ai perdu mon ...

Olen hukannut ...
[olen hukannut ...]

On m'a volé mon ...

Joku varasti minun ...
[joku ʋarasti minun ...]

passeport

passini
[passini]

portefeuille

lompakkoni
[lompakkoni]

papiers

paperini
[paperini]

billet

lippuni
[lippuni]

argent

rahani
[rahani]

sac à main

käsilaukkuni
[kæsilaukkuni]

appareil photo

kamerani
[kamerani]

portable

kannettavani
[kannettaʋani]

ma tablette

tablettini
[tablettini]

mobile

kännykkäni
[kænnykkæni]

Au secours!

Auta minua!
[auta minua!]

Qu'est-il arrivé?

Mitä on tapahtunut?
[mitæ on tapahtunut?]

un incendie	**tulipalo** [tulipalo]
des coups de feu	**ampuminen** [ampuminen]
un meurtre	**murha** [murha]
une explosion	**räjähdys** [ræjæhdys]
une bagarre	**tappelu** [tappelu]

Appelez la police!	**Soita poliisille!** [sojta poli:sille!]
Dépêchez-vous, s'il vous plaît!	**Pidä kiirettä!** [pidæ ki:rettæ!]
Je cherche le commissariat de police.	**Etsin poliisiasemaa.** [etsin poli:siasema:]
Il me faut faire un appel.	**Minun täytyy soittaa.** [minun tæyty: sojtta:]
Puis-je utiliser votre téléphone?	**Saanko käyttää puhelintasi?** [sa:ŋko kæyttæ: puhelintasi?]

J'ai été ...	**Minut on ...** [minut on ...]
agressé /agressée/	**ryöstetty** [ryøstetty]
volé /volée/	**ryöstetty** [ryøstetty]
violée	**raiskattu** [rajskattu]
attaqué /attaquée/	**pahoinpidelty** [pahojnpidelty]

Est-ce que ça va?	**Oletko kunnossa?** [oletko kunnossa?]
Avez-vous vu qui c'était?	**Näitkö, kuka se oli?** [næjtkø, kuka se oli?]
Pourriez-vous reconnaître cette personne?	**Pystyisitkö tunnistamaan henkilön?** [pystyisitkø tunnistama:n heŋkiløn?]
Vous êtes sûr?	**Oletko varma?** [oletko varma?]

Calmez-vous, s'il vous plaît.	**Rauhoitu.** [rauhojtu]
Calmez-vous!	**Rentoudu!** [rentoudu!]
Ne vous inquiétez pas.	**Älä huolehdi!** [æʎæ huolehdi!]
Tout ira bien.	**Kaikki järjestyy.** [kajkki jærjesty:]
Ça va. Tout va bien.	**Kaikki on kunnossa.** [kajkki on kunnossa]

Venez ici, s'il vous plaît.

Tule tänne.
[tule tænne]

J'ai des questions à vous poser.

Minulla on joitakin kysymyksiä sinulle.
[minulla on jojtakin kysymyksiæ sinulle]

Attendez un moment, s'il vous plaît.

Odota hetki.
[odota hetki]

Avez-vous une carte d'identité?

Onko sinulla henkilöllisyystodistus?
[oŋko sinulla heŋkiløllisy:stodistus?]

Merci. Vous pouvez partir maintenant.

Kiitos. Voit nyt lähteä.
[ki:tos. vojt nyt ʎæhteæ]

Les mains derrière la tête!

Kädet pään taakse!
[kædet pæ:n ta:kse!]

Vous êtes arrêté!

Sinut on pidätetty!
[sinut on pidætetty!]

Problèmes de santé

Aidez-moi, s'il vous plaît.	**Voisitko auttaa minua.** [vojsitko autta: minua]
Je ne me sens pas bien.	**En voi hyvin.** [en voj hyvin]
Mon mari ne se sent pas bien.	**Mieheni ei voi hyvin.** [mieheni ej voj hyvin]
Mon fils ...	**Poikani ...** [pojkani ...]
Mon père ...	**Isäni ...** [isæni ...]

Ma femme ne se sent pas bien.	**Vaimoni ei voi hyvin.** [vajmoni ej voj hyvin]
Ma fille ...	**Tyttäreni ...** [tyttæreni ...]
Ma mère ...	**Äitini ...** [æjtini ...]

J'ai mal ...	**Minulla on ...** [minulla on ...]
à la tête	**päänsärky** [pæ:nsærky]
à la gorge	**kipeä kurkku** [kipeæ kurkku]
à l'estomac	**vatsakipu** [vatsakipu]
aux dents	**hammassärky** [hammassærky]

J'ai le vertige.	**Minua huimaa.** [minua hujma:]
Il a de la fièvre.	**Hänellä on kuumetta.** [hænellæ on ku:metta]
Elle a de la fièvre.	**Hänellä on kuumetta.** [hænellæ on ku:metta]
Je ne peux pas respirer.	**En voi hengittää.** [en voj heŋgittæ:]

J'ai du mal à respirer.	**Olen hengästynyt.** [olen heŋgæstynyt]
Je suis asthmatique.	**Minulla on astma.** [minulla on astma]
Je suis diabétique.	**Minulla on diabetes.** [minulla on diabetes]

Je ne peux pas dormir.	**En voi nukkua.**
	[en ʋoj nukkua]
intoxication alimentaire	**ruokamyrkytys**
	[ruokamyrkytys]

Ça fait mal ici.	**Minua sattuu tästä.**
	[minua sattu: tæstæ]
Aidez-moi!	**Auta minua!**
	[auta minua!]
Je suis ici!	**Olen täällä!**
	[olen tæ:llæ!]
Nous sommes ici!	**Olemme täällä!**
	[olemme tæ:llæ!]
Sortez-moi d'ici!	**Päästä minut pois täältä!**
	[pæ:stæ minut pojs tæ:ltæ!]
J'ai besoin d'un docteur.	**Tarvitsen lääkärin.**
	[tarʋitsen ʎæ:kærin]
Je ne peux pas bouger!	**En voi liikkua.**
	[en ʋoj li:kkua]
Je ne peux pas bouger mes jambes.	**En voi liikuttaa jalkojani.**
	[en ʋoj li:kutta: jalkojani]

Je suis blessé /blessée/	**Minulla on haava.**
	[minulla on ha:ʋa]
Est-ce que c'est sérieux?	**Onko se vakavaa?**
	[oŋko se ʋakaʋa:?]
Mes papiers sont dans ma poche.	**Asiakirjani ovat taskussani.**
	[asiakirjani oʋat taskussani]
Calmez-vous!	**Rauhoitu!**
	[rauhojtu!]
Puis-je utiliser votre téléphone?	**Saanko käyttää puhelintasi?**
	[sa:ŋko kæyttæ: puhelintasi?]

Appelez une ambulance!	**Soita ambulanssi!**
	[sojta ambulanssi!]
C'est urgent!	**Tämä on kiireellistä!**
	[tæmæ on ki:re:llistæ!]
C'est une urgence!	**Tämä on hätätilanne!**
	[tæmæ on hætætilanne!]
Dépêchez-vous, s'il vous plaît!	**Pidä kiirettä!**
	[pidæ ki:rettæ!]
Appelez le docteur, s'il vous plaît.	**Soittaisitko lääkärin?**
	[sojttajsitko ʎæ:kærin?]
Où est l'hôpital?	**Missä sairaala on?**
	[missæ sajra:la on?]

Comment vous sentez-vous?	**Kuinka voit?**
	[kujŋka ʋojt?]
Est-ce que ça va?	**Oletko kunnossa?**
	[oletko kunnossa?]
Qu'est-il arrivé?	**Mitä on tapahtunut?**
	[mitæ on tapahtunut?]

Je me sens mieux maintenant.

Voin nyt paremmin.
[vojn nyt paremmin]

Ça va. Tout va bien.

Se on okei.
[se on okej]

Ça va.

Se on hyvä.
[se on hyʋæ]

À la pharmacie

pharmacie	**apteekki** [ɑpte:kki]
pharmacie 24 heures	**päivystävä apteekki** [pæjʊystæʊæ ɑpte:kki]
Où se trouve la pharmacie la plus proche?	**Missä on lähin apteekki?** [missæ on ʎæhin ɑpte:kki?]

Est-elle ouverte en ce moment?	**Onko se nyt auki?** [oŋko se nyt ɑuki?]
À quelle heure ouvre-t-elle?	**Milloin se aukeaa?** [millojn se ɑukeɑ:?]
à quelle heure ferme-t-elle?	**Milloin se menee kiinni?** [millojn se mene: ki:nni?]

C'est loin?	**Onko se kaukana?** [oŋko se kɑukɑnɑ?]
Est-ce que je peux y aller à pied?	**Voiko sinne kävellä?** [vojko sinne kæʊellæ?]
Pouvez-vous me le montrer sur la carte?	**Voitko näyttää minulle kartalta?** [vojtko næyttæ: minulle kɑrtɑltɑ?]

Pouvez-vous me donner quelque chose contre ...	**Voisitko antaa minulle jotakin ...** [vojsitko ɑntɑ: minulle jotɑkin ...]
le mal de tête	**päänsärkyyn** [pæ:nsærky:n]
la toux	**yskään** [yskæ:n]
le rhume	**vilustumiseen** [ʊilustumise:n]
la grippe	**flunssaan** [flunssɑ:n]

la fièvre	**kuumeeseen** [ku:me:se:n]
un mal d'estomac	**vatsakipuun** [ʊɑtsɑkipu:n]
la nausée	**pahoinvointiin** [pɑhojnʊojnti:n]
la diarrhée	**ripuliin** [ripuli:n]
la constipation	**ummetukseen** [ummetukse:n]
un mal de dos	**selkäkipuun** [selkækipu:n]

les douleurs de poitrine	**rintakipuun** [rintakipu:n]
les points de côté	**pistävään kipuun kyljessä** [pistæʋæ:n kipu:n kyljessæ]
les douleurs abdominales	**vatsakipuun** [ʋatsakipu:n]

une pilule	**pilleri** [pilleri]
un onguent, une crème	**voide** [ʋojde]
un sirop	**nestemäinen lääke** [nestemæjnen ʎæ:ke]
un spray	**suihke** [sujhke]
les gouttes	**tipat** [tipɑt]

Vous devez allez à l'hôpital.	**Sinun täytyy mennä sairaalaan.** [sinun tæyty: mennæ sajrɑ:lɑ:n]
assurance maladie	**sairausvakuutus** [sajrɑusʋɑku:tus]
prescription	**resepti** [resepti]
produit anti-insecte	**hyönteiskarkote** [hyøntejskɑrkote]
bandages adhésifs	**laastari** [lɑ:stɑri]

Les essentiels

Excusez-moi, ...	**Anteeksi, ...** [anteːksi, ...]
Bonjour	**Hei.** [hej]
Merci	**Kiitos.** [kiːtos]
Au revoir	**Näkemiin.** [næːkemiːn]
Oui	**Kyllä.** [kyllæ]
Non	**Ei.** [ej]
Je ne sais pas.	**En tiedä.** [en tiedæ]
Où? | Où? | Quand?	**Missä? | Minne? | Milloin?** [missæ? | minne? | millojn?]

J'ai besoin de ...	**Tarvitsen ...** [tɑrʋitsen ...]
Je veux ...	**Haluan ...** [hɑluɑn ...]
Avez-vous ... ?	**Onko sinulla ...?** [oŋko sinulla ...?]
Est-ce qu'il y a ... ici?	**Onko täällä ...?** [oŋko tæːllæ ...?]
Puis-je ... ?	**Voinko ...?** [vojŋko ...?]
s'il vous plaît (pour une demande)	**..., kiitos** [..., kiːtos]

Je cherche ...	**Etsin ...** [etsin ...]
les toilettes	**WC** [ʋɛsɛ]
un distributeur	**pankkiautomaatti** [paŋkkiautomaːtti]
une pharmacie	**apteekki** [apteːkki]
l'hôpital	**sairaala** [sɑjrɑːlɑ]
le commissariat de police	**poliisiasema** [poliːsiɑsemɑ]
une station de métro	**metro** [metro]

un taxi	**taksi** [taksi]
la gare	**rautatieasema** [rautatieasema]

Je m'appelle ...	**Nimeni on ...** [nimeni on ...]
Comment vous appelez-vous?	**Mikä sinun nimesi on?** [mikæ sinun nimesi on?]
Aidez-moi, s'il vous plaît.	**Voisitko auttaa minua?** [vojsitko autta: minua?]
J'ai un problème.	**Minulla on ongelma.** [minulla on oŋgelma]
Je ne me sens pas bien.	**En voi hyvin.** [en ʋoj hyʋin]
Appelez une ambulance!	**Soita ambulanssi!** [sojta ambulanssi!]
Puis-je faire un appel?	**Voisinko soittaa?** [vojsiŋko sojtta:?]

Excusez-moi.	**Olen pahoillani.** [olen pahojllani]
Je vous en prie.	**Ole hyvä.** [ole hyʋæ]

je, moi	**minä | mä** [minæ | mæ]
tu, toi	**sinä | sä** [sinæ | sæ]
il	**hän | se** [hæn | se]
elle	**hän | se** [hæn | se]
ils	**he | ne** [he | ne]
elles	**he | ne** [he | ne]
nous	**me** [me]
vous	**te** [te]
Vous	**sinä** [sinæ]

ENTRÉE	**SISÄÄN** [sisæ:n]
SORTIE	**ULOS** [ulos]
HORS SERVICE | EN PANNE	**EPÄKUNNOSSA** [epækunnossa]
FERMÉ	**SULJETTU** [suljettu]

OUVERT	**AVOIN** [avojn]
POUR LES FEMMES	**NAISILLE** [nɑjsille]
POUR LES HOMMES	**MIEHILLE** [miehille]

VOCABULAIRE THÉMATIQUE

Cette section contient plus de 3000 des mots les plus importants. Le dictionnaire sera d'une aide indispensable lors de voyages à l'étranger puisque les mots individuels sont souvent assez pour être compris. Le dictionnaire comprend une transcription utile de chaque mot

T&P Books Publishing

CONTENU DU DICTIONNAIRE

Concepts de base	75
Nombres. Divers	83
Les couleurs. Les unités de mesure	87
Les verbes les plus importants	91
La notion de temps. Le calendrier	97
Les voyages. L'hôtel	103
Les transports	107
La ville	113
Les vêtements & les accessoires	121
L'expérience quotidienne	127
Les repas. Le restaurant	135
Les données personnelles. La famille	145
Le corps humain. Les médicaments	149
L'appartement	157
La Terre. Le temps	163
La faune	175
La flore	183
Les pays du monde	189

T&P Books Publishing

CONCEPTS DE BASE

1. Les pronoms
2. Adresser des vœux. Se dire bonjour
3. Les questions
4. Les prépositions
5. Les mots-outils. Les adverbes.
   Partie 1
6. Les mots-outils. Les adverbes.
   Partie 2

T&P Books Publishing

1. Les pronoms

| je | minä | [miɲæ] |
| tu | sinä | [siɲæ] |

il	hän	[hæn]
elle	hän	[hæn]
ça	se	[se]

nous	me	[me]
vous	te	[te]
ils, elles	he	[he]

2. Adresser des vœux. Se dire bonjour

Bonjour! (fam.)	Hei!	[hej]
Bonjour! (form.)	Hei!	[hej]
Bonjour! (le matin)	Hyvää huomenta!	[hyʊæ: huomentɑ]
Bonjour! (après-midi)	Hyvää päivää!	[hyʊæ: pæjʊæ:]
Bonsoir!	Hyvää iltaa!	[hyʊæ: iltɑ:]

dire bonjour	tervehtiä	[terʊehtiæ]
Salut!	Moi!	[moj]
salut (m)	terve	[terʊe]
saluer (vt)	tervehtiä	[terʊehtiæ]
Comment ça va?	Mitä kuuluu?	[mitæ ku:lu:]
Quoi de neuf?	Mitä on uutta?	[mitæ on u:ttɑ]

Au revoir!	Näkemiin!	[ɲækemi:in]
À bientôt!	Pikaisiin näkemiin!	[pikɑjsi:in ɲækemi:in]
Adieu!	Hyvästi!	[hyʊæsti]
dire au revoir	hyvästellä	[hyʊæsteʌæ]
Salut! (À bientôt!)	Hei hei!	[hej hej]

Merci!	Kiitos!	[ki:itos]
Merci beaucoup!	Paljon kiitoksia!	[palʰøn ki:itoksiɑ]
Je vous en prie	Ole hyvä	[ole hyʊæ]
Il n'y a pas de quoi	Ei kestä kiittää	[ej kestæ ki:ittæ:]
Pas de quoi	Ei kestä	[ej kestæ]

Excuse-moi! Excusez-moi!	Anteeksi!	[ante:ksi]
excuser (vt)	antaa anteeksi	[ɑntɑ: ante:ksi]
s'excuser (vp)	pyytää anteeksi	[py:tæ: ante:ksi]
Mes excuses	Pyydän anteeksi	[py:dæn ante:ksi]

Pardonnez-moi!	Anteeksi!	[ante:ksi]
pardonner (vt)	antaa anteeksi	[anta: ante:ksi]
s'il vous plaît	ole hyvä	[ole hyʋæ]
N'oubliez pas!	Älkää unohtako!	[ælkæ: unohtako]
Bien sûr!	Tietysti!	[tietysti]
Bien sûr que non!	Eipä tietenkään!	[ejpæ tieteŋkæ:n]
D'accord!	Olen samaa mieltä!	[olen sama: mieltæ]
Ça suffit!	Riittää!	[ri:ittæ:]

3. Les questions

Qui?	Kuka?	[kuka]
Quoi?	Mikä?	[mikæ]
Où? (~ es-tu?)	Missä?	[missæ]
Où? (~ vas-tu?)	Mihin?	[mihin]
D'où?	Mistä?	[mistæ]
Quand?	Milloin?	[millojn]
Pourquoi? (~ es-tu venu?)	Mitä varten?	[mitæ ʋarten]
Pourquoi? (~ t'es pâle?)	Miksi?	[miksi]
À quoi bon?	Minkä vuoksi?	[miŋkæ ʋuoksi]
Comment?	Miten?	[miten]
Quel? (à ~ prix?)	Millainen?	[millajnen]
Lequel?	Mikä?	[mikæ]
À qui? (pour qui?)	Kenelle?	[kenelle]
De qui?	Kenestä?	[kenestæ]
De quoi?	Mistä?	[mistæ]
Avec qui?	Kenen kanssa?	[kenen kanssa]
Combien? (dénombr.)	Kuinka monta?	[kuiŋka monta]
Combien? (indénombr.)	Kuinka paljon?	[kuiŋka palʰon]
À qui? (~ est ce livre?)	Kenen?	[kenen]

4. Les prépositions

avec (~ toi)	kanssa	[kanssa]
sans (~ sucre)	ilman	[ilman]
à (aller ~…)	… ssa/ssä	[ssa] / [ssæ]
de (au sujet de)	… sta, … stä	[sta], [stæ]
avant (~ midi)	ennen	[eŋen]
devant (~ la maison)	edessä	[edessæ]
sous (~ la commode)	alla	[alla]
au-dessus de …	yllä	[yʎæ]
sur (dessus)	päällä	[pæ:ʎæ]
de (venir ~ Paris)	… sta, … stä	[sta], [stæ]

en (en bois, etc.)	... sta, ... stä	[stɑ], [stæ]
dans (~ deux heures)	päästä	[pæ:stæ]
par dessus	yli	[yli]

5. Les mots-outils. Les adverbes. Partie 1

Où? (~ es-tu?)	Missä?	[missæ]
ici (c'est ~)	täällä	[tæ:ʌæ]
là-bas (c'est ~)	siellä	[sieʌæ]

| quelque part (être) | jossain | [øssɑjn] |
| nulle part (adv) | ei missään | [ej missæ:n] |

| près de ... | vieressä | [ʋæressæ] |
| près de la fenêtre | ikkunan vieressä | [ikkunɑn ʋæressæ] |

Où? (~ vas-tu?)	Mihin?	[mihin]
ici (Venez ~)	tänne	[tæŋe]
là-bas (j'irai ~)	tuonne	[tuoŋe]
d'ici (adv)	täältä	[tæ:ltæ]
de là-bas (adv)	sieltä	[sieltæ]

| près (pas loin) | lähellä | [ʌæheʌæ] |
| loin (adv) | kaukana | [kɑukɑnɑ] |

près de (~ Paris)	luona	[luonɑ]
tout près (adv)	vieressä	[ʋæressæ]
pas loin (adv)	lähelle	[ʌæhelle]

gauche (adj)	vasen	[ʋɑsen]
à gauche (être ~)	vasemmalla	[ʋɑsemmɑllɑ]
à gauche (tournez ~)	vasemmalle	[ʋɑsemɑlle]

droit (adj)	oikea	[ojkeɑ]
à droite (être ~)	oikealla	[ojkeɑllɑ]
à droite (tournez ~)	oikealle	[ojkeɑlle]

devant (adv)	edessä	[edessæ]
de devant (adj)	etumainen	[etumɑjnen]
en avant (adv)	eteenpäin	[ete:npæjn]

derrière (adv)	takana	[tɑkɑnɑ]
par derrière (adv)	takaa	[tɑkɑ:]
en arrière (regarder ~)	takaisin	[tɑkɑjsin]

| milieu (m) | keskikohta | [keskikohtɑ] |
| au milieu (adv) | keskellä | [keskeʌæ] |

| de côté (vue ~) | sivulta | [siʋultɑ] |
| partout (adv) | kaikkialla | [kɑjkkiɑllɑ] |

autour (adv)	ympärillä	[ympæriʎæ]
de l'intérieur	sisäpuolelta	[sisæ puolelta]
quelque part (aller)	jonnekin	[øŋekin]
tout droit (adv)	suoraan	[suora:n]
en arrière (revenir ~)	takaisin	[takajsin]

| de quelque part (n'import d'où) | jostakin | [østakin] |
| de quelque part (on ne sait pas d'où) | jostakin | [østakin] |

premièrement (adv)	ensiksi	[ensiksi]
deuxièmement (adv)	toiseksi	[tojseksi]
troisièmement (adv)	kolmanneksi	[kolmaŋeksi]

soudain (adv)	äkkiä	[ækkiæ]
au début (adv)	alussa	[alussa]
pour la première fois	ensi kerran	[ensi kerran]
bien avant ...	kauan ennen kuin	[kauan eŋen kuin]
de nouveau (adv)	uudestaan	[u:desta:n]
pour toujours (adv)	pysyvästi	[pysyʋæsti]

jamais (adv)	ei koskaan	[ej koska:n]
de nouveau, encore (adv)	taas	[ta:s]
maintenant (adv)	nyt	[nyt]
souvent (adv)	usein	[usejn]
alors (adv)	silloin	[silloin]
d'urgence (adv)	pikaisesti	[pikajsesti]
d'habitude (adv)	tavallisesti	[taʋallisesti]

à propos, ...	muuten	[mu:ten]
c'est possible	ehkä	[ehkæ]
probablement (adv)	todennäköisesti	[toden ɲækøjsesti]
peut-être (adv)	voi olla	[ʋoj olla]
en plus, ...	lisäksi	[lisæksi]
c'est pourquoi ...	siksi	[siksi]
malgré ...	huolimatta	[huolimatta]
grâce à ...	avulla	[aʋulla]

quoi (pron)	mikä	[mikæ]
que (conj)	että	[ettæ]
quelque chose (Il m'est arrivé ~)	jokin	[økin]
quelque chose (peut-on faire ~)	jotakin	[øtakin]
rien (m)	ei mitään	[ej mitæ:n]

qui (pron)	kuka	[kuka]
quelqu'un (on ne sait pas qui)	joku	[øku]
quelqu'un (n'importe qui)	joku	[øku]
personne (pron)	ei kukaan	[ej kuka:n]

nulle part (aller ~)	ei mihinkään	[ej mihiŋkæ:n]
de personne	ei kenenkään	[ej keneŋkæ:n]
de n'importe qui	jonkun	[øŋkun]

comme ça (adv)	niin	[ni:in]
également (adv)	myös	[myøs]
aussi (adv)	myös	[myøs]

6. Les mots-outils. Les adverbes. Partie 2

Pourquoi?	Miksi?	[miksi]
pour une certaine raison	jostain syystä	[østɑjn sy:stæ]
parce que ...	koska	[koskɑ]
pour une raison quelconque	jonkin vuoksi	[øŋkin ʋuoksi]

et (conj)	ja	[jɑ]
ou (conj)	tai	[tɑj]
mais (conj)	mutta	[muttɑ]
pour ... (prep)	varten	[ʋarten]

trop (adv)	liian	[li:iɑn]
seulement (adv)	vain	[ʋɑjn]
précisément (adv)	tarkasti	[tɑrkɑsti]
près de ... (prep)	noin	[nojn]

approximativement	likimäärin	[likimæ:rin]
approximatif (adj)	likimääräinen	[likimæ:ræjnen]
presque (adv)	melkein	[melkejn]
reste (m)	muu	[mu:]

chaque (adj)	joka	[økɑ]
n'importe quel (adj)	jokainen	[økɑjnen]
beaucoup (adv)	paljon	[palʰøn]
plusieurs (pron)	monet	[monet]
tous	kaikki	[kɑjkki]

en échange de ...	korvauksena	[korʋauksenɑ]
en échange (adv)	sijaan	[sijɑ:n]
à la main (adv)	käsin	[kæsin]
peu probable (adj)	tuskin	[tuskin]

probablement (adv)	varmaan	[ʋɑrmɑ:n]
exprès (adv)	tahallaan	[tɑhɑllɑ:n]
par accident (adv)	sattumalta	[sɑttumɑltɑ]

très (adv)	erittäin	[erittæjn]
par exemple (adv)	esimerkiksi	[esimerkiksi]
entre (prep)	välillä	[ʋæliʌæ]
parmi (prep)	keskellä	[keskeʌæ]

| autant (adv) | niin paljon | [niːin palʰøn] |
| surtout (adv) | erikoisesti | [erikojsesti] |

NOMBRES. DIVERS

7. Les nombres cardinaux. Partie 1
8. Les nombres cardinaux. Partie 2
9. Les nombres ordinaux

T&P Books Publishing

7. Les nombres cardinaux. Partie 1

zéro	**nolla**	[nolla]
un	**yksi**	[yksi]
deux	**kaksi**	[kaksi]
trois	**kolme**	[kolme]
quatre	**neljä**	[nelʰjæ]
cinq	**viisi**	[ʋiːisi]
six	**kuusi**	[kuːsi]
sept	**seitsemän**	[sejtsemæn]
huit	**kahdeksan**	[kahdeksɑn]
neuf	**yhdeksän**	[yhdeksæn]
dix	**kymmenen**	[kymmenen]
onze	**yksitoista**	[yksi tojsta]
douze	**kaksitoista**	[kaksi tojsta]
treize	**kolmetoista**	[kolme tojsta]
quatorze	**neljätoista**	[nelʰjæ tojsta]
quinze	**viisitoista**	[ʋiːisi tojsta]
seize	**kuusitoista**	[kuːsi tojsta]
dix-sept	**seitsemäntoista**	[sejtsemæn tojsta]
dix-huit	**kahdeksantoista**	[kahdeksɑn tojsta]
dix-neuf	**yhdeksäntoista**	[yhdeksæn tojsta]
vingt	**kaksikymmentä**	[kaksi kymmentæ]
vingt et un	**kaksikymmentäyksi**	[kaksi kymmentæ yksi]
vingt-deux	**kaksikymmentäkaksi**	[kaksi kymmentæ kaksi]
vingt-trois	**kaksikymmentäkolme**	[kaksi kymmentæ kolme]
trente	**kolmekymmentä**	[kolme kymmentæ]
trente et un	**kolmekymmentäyksi**	[kolme kymmentæ yksi]
trente-deux	**kolmekymmentäkaksi**	[kolme kymmentæ kaksi]
trente-trois	**kolmekymmentäkolme**	[kolme kymmentæ kolme]
quarante	**neljäkymmentä**	[nelʰjæ kymmentæ]
quarante et un	**neljäkymmentäyksi**	[nelʰjæ kymmentæ yksi]
quarante-deux	**neljäkymmentäkaksi**	[nelʰjæ kymmentæ kaksi]
quarante-trois	**neljäkymmentäkolme**	[nelʰjæ kymmentæ kolme]
cinquante	**viisikymmentä**	[ʋiːisi kymmentæ]
cinquante et un	**viisikymmentäyksi**	[ʋiːisi kymmentæ yksi]
cinquante-deux	**viisikymmentäkaksi**	[ʋiːisi kymmentæ kaksi]
cinquante-trois	**viisikymmentäkolme**	[ʋiːisi kymmentæ kolme]
soixante	**kuusikymmentä**	[kuːsi kymmentæ]

soixante et un	kuusikymmentäyksi	[ku:si kymmentæ yksi]
soixante-deux	kuusikymmentäkaksi	[ku:si kymmentæ kaksi]
soixante-trois	kuusikymmentäkolme	[ku:si kymmentæ kolme]

soixante-dix	seitsemänkymmentä	[sejtsemæn kymmentæ]
soixante et onze	seitsemänkymmentä-yksi	[sejtsemæn kymmentæ yksi]
soixante-douze	seitsemänkymmentä-kaksi	[sejtsemæn kymmentæ kaksi]
soixante-treize	seitsemänkymmentä-kolme	[sejtsemæn kymmentæ kolme]

quatre-vingts	kahdeksankymmentä	[kahdeksan kymmentæ]
quatre-vingt et un	kahdeksankymmentä-yksi	[kahdeksan kymmentæ yksi]
quatre-vingt deux	kahdeksankymmentä-kaksi	[kahdeksan kymmentæ kaksi]
quatre-vingt trois	kahdeksankymmentä-kolme	[kahdeksan kymmentæ kolme]

quatre-vingt-dix	yhdeksänkymmentä	[yhdeksæn kymmentæ]
quatre-vingt et onze	yhdeksänkymmentä-yksi	[yhdeksæn kymmentæ yksi]
quatre-vingt-douze	yhdeksänkymmentä-kaksi	[yhdeksæn kymmentæ kaksi]
quatre-vingt-treize	yhdeksänkymmentä-kolme	[yhdeksæn kymmentæ kolme]

8. Les nombres cardinaux. Partie 2

cent	sata	[sata]
deux cents	kaksisataa	[kaksi sata:]
trois cents	kolmesataa	[kolme sata:]

quatre cents	neljäsataa	[nelʰjæ sata:]
cinq cents	viisisataa	[ʋi:isi sata:]

six cents	kuusisataa	[ku:si sata:]
sept cents	seitsemänsataa	[sejtsemæn sata:]

huit cents	kahdeksansataa	[kahdeksan sata:]
neuf cents	yhdeksänsataa	[yhdeksæn sata:]

mille	tuhat	[tuhat]
deux mille	kaksituhatta	[kaksi tuhatta]
trois mille	kolmetuhatta	[kolme tuhatta]
dix mille	kymmenentuhatta	[kymmenen tuhatta]
cent mille	satatuhatta	[sata tuhatta]
million (m)	miljoona	[milʰø:na]
milliard (m)	miljardi	[milʰjardi]

9. Les nombres ordinaux

premier (adj)	**ensimmäinen**	[ensimmæjnen]
deuxième (adj)	**toinen**	[tojnen]
troisième (adj)	**kolmas**	[kolmɑs]
quatrième (adj)	**neljäs**	[nelʰjæs]
cinquième (adj)	**viides**	[ʋiːides]
sixième (adj)	**kuudes**	[kuːdes]
septième (adj)	**seitsemäs**	[sejtsemæs]
huitième (adj)	**kahdeksas**	[kɑhdeksɑs]
neuvième (adj)	**yhdeksäs**	[yhdeksæs]
dixième (adj)	**kymmenes**	[kymmenes]

LES COULEURS.
LES UNITÉS DE MESURE

10. Les couleurs
11. Les unités de mesure
12. Les récipients

T&P Books Publishing

couleur (f)	väri	[ʋæri]
teinte (f)	vivahdus	[ʋiʋahdus]
ton (m)	värisävy	[ʋæri sæʋy]
arc-en-ciel (m)	sateenkaari	[sɑte:n kɑ:ri]

blanc (adj)	valkoinen	[ʋalkojnen]
noir (adj)	musta	[mustɑ]
gris (adj)	harmaa	[hɑrmɑ:]

vert (adj)	vihreä	[ʋihreæ]
jaune (adj)	keltainen	[keltɑjnen]
rouge (adj)	punainen	[punɑjnen]
bleu (adj)	sininen	[sininen]
bleu clair (adj)	vaaleansininen	[ʋɑ:leɑn sininen]
rose (adj)	vaaleanpunainen	[ʋɑ:leɑn punɑjnen]
orange (adj)	oranssi	[orɑnssi]
violet (adj)	violetti	[ʋioletti]
brun (adj)	ruskea	[ruskeɑ]

d'or (adj)	kultainen	[kultɑjnen]
argenté (adj)	hopeinen	[hopejnen]
beige (adj)	beige	[be:ge]
crème (adj)	kermanvärinen	[kermɑn ʋærinen]
turquoise (adj)	turkoosi	[turko:si]
rouge cerise (adj)	kirsikanpunainen	[kirsikɑn punɑjnen]
lilas (adj)	sinipunainen	[sini punɑjnen]
framboise (adj)	karmiininpunainen	[kɑrmi:inen punɑjnen]

clair (adj)	vaalea	[ʋɑ:leɑ]
foncé (adj)	tumma	[tummɑ]
vif (adj)	kirkas	[kirkɑs]

de couleur (adj)	väri-	[ʋæri]
en couleurs (adj)	värillinen	[ʋærillinen]
noir et blanc (adj)	mustavalkoinen	[mustɑ ʋalkojnen]
unicolore (adj)	yksivärinen	[yksiʋærinen]
multicolore (adj)	erivärinen	[eriʋærinen]

| poids (m) | paino | [pɑjno] |
| longueur (f) | pituus | [pitu:s] |

largeur (f)	leveys	[leʋeys]
hauteur (f)	korkeus	[korkeus]
profondeur (f)	syvyys	[syʋy:s]
volume (m)	tilavuus	[tilɑʋu:s]
aire (f)	pinta-ala	[pintɑ ɑlɑ]

gramme (m)	gramma	[grɑmmɑ]
milligramme (m)	milligramma	[milligrɑmmɑ]
kilogramme (m)	kilo	[kilo]
tonne (f)	tonni	[toŋi]
livre (f)	punta	[puntɑ]
once (f)	unssi	[unssi]

mètre (m)	metri	[metri]
millimètre (m)	millimetri	[millimetri]
centimètre (m)	senttimetri	[senttimetri]
kilomètre (m)	kilometri	[kilometri]
mille (m)	peninkulma	[penin kulmɑ]

pouce (m)	tuuma	[tu:mɑ]
pied (m)	jalka	[jɑlkɑ]
yard (m)	jaardi	[jɑ:rdi]

mètre (m) carré	neliömetri	[neliø metri]
hectare (m)	hehtaari	[hehtɑ:ri]
litre (m)	litra	[litrɑ]
degré (m)	aste	[ɑste]
volt (m)	voltti	[ʋoltti]
ampère (m)	ampeeri	[ɑmpe:ri]
cheval-vapeur (m)	hevosvoima	[heʋosʋojmɑ]

quantité (f)	määrä	[mæ:ræ]
un peu de …	vähän	[ʋæɦæn]
moitié (f)	puoli	[puoli]
douzaine (f)	tusina	[tusinɑ]
pièce (f)	kappale	[kɑppɑle]

| dimension (f) | koko | [koko] |
| échelle (f) (de la carte) | mittakaava | [mittɑkɑ:ʋɑ] |

minimal (adj)	minimaalinen	[minimɑ:linen]
le plus petit (adj)	pienin	[pienin]
moyen (adj)	keskimmäinen	[keskimmæjnen]
maximal (adj)	maksimaalinen	[mɑksimɑ:linen]
le plus grand (adj)	suurin	[su:rin]

12. Les récipients

| bocal (m) en verre | lasitölkki | [lɑsitølkki] |
| boîte, canette (f) | peltitölkki | [peltitølkki] |

| seau (m) | sanko | [saŋko] |
| tonneau (m) | tynnyri | [tyŋyri] |

bassine, cuvette (f)	vati	[ʋati]
cuve (f)	säiliö	[sæjliø]
flasque (f)	kenttäpullo	[kenttæ pullo]
jerrican (m)	kanisteri	[kanisteri]
citerne (f)	säiliö	[sæjliø]

tasse (f), mug (m)	tuoppi	[tuoppi]
tasse (f)	kuppi	[kuppi]
soucoupe (f)	teevati	[teːʋati]
verre (m) (~ d'eau)	lasi	[lasi]
verre (m) à vin	malja	[malʰja]
faitout (m)	kattila	[kattila]

| bouteille (f) | pullo | [pullo] |
| goulot (m) | pullonkaula | [pulloŋkaula] |

carafe (f)	karahvi	[karahʋi]
pichet (m)	kannu	[kaŋu]
récipient (m)	astia	[astia]
pot (m)	ruukku	[ruːkku]
vase (m)	maljakko	[malʰjakko]

flacon (m)	pullo	[pullo]
fiole (f)	pullonen	[pullonen]
tube (m)	tuubi	[tuːbi]

sac (m) (grand ~)	säkki	[sækki]
sac (m) (~ en plastique)	kassi	[kassi]
paquet (m) (~ de cigarettes)	paketti	[paketti]

boîte (f)	laatikko	[laːtikko]
caisse (f)	laatikko	[laːtikko]
panier (m)	kori	[kori]

BOOKS

LES VERBES
LES PLUS IMPORTANTS

13. Les verbes les plus importants.
    Partie 1
14. Les verbes les plus importants.
    Partie 2
15. Les verbes les plus importants.
    Partie 3
16. Les verbes les plus importants.
    Partie 4

T&P Books Publishing

aider (vt)	auttaa	[auttɑ:]
aimer (qn)	rakastaa	[rɑkɑstɑ:]
aller (à pied)	mennä	[menæ]
apercevoir (vt)	huomata	[huomɑtɑ]
appartenir à …	kuulua	[ku:luɑ]
appeler (au secours)	kutsua	[kutsuɑ]
attendre (vt)	odottaa	[odottɑ:]
attraper (vt)	ottaa kiinni	[ottɑ ki:iɲi]
avertir (vt)	varoittaa	[ʋɑrojttɑ:]
avoir (vt)	omistaa	[omistɑ:]
avoir confiance	luottaa	[luottɑ:]
avoir faim	minulla on nälkä	[minullɑ on ɲælkæ]
avoir peur	pelätä	[peʎætæ]
avoir soif	minulla on jano	[minullɑ on æno]
cacher (vt)	piilotella	[pi:ilotellɑ]
casser (briser)	rikkoa	[rikkoɑ]
cesser (vt)	lakata	[lɑkɑtɑ]
changer (vt)	muuttaa	[mu:ttɑ:]
chasser (animaux)	metsästää	[metsæstæ:]
chercher (vt)	etsiä	[etsiæ]
choisir (vt)	valita	[ʋɑlitɑ]
commander (~ le menu)	tilata	[tilɑtɑ]
commencer (vt)	alkaa	[ɑlkɑ:]
comparer (vt)	verrata	[ʋerrɑtɑ]
comprendre (vt)	ymmärtää	[ymmærtæ:]
compter (dénombrer)	laskea	[lɑskeɑ]
compter sur …	luottaa	[luottɑ:]
confondre (vt)	sotkea	[sotkeɑ]
connaître (qn)	tuntea	[tunteɑ]
conseiller (vt)	neuvoa	[neuʋoɑ]
continuer (vt)	jatkaa	[jɑtkɑ:]
contrôler (vt)	tarkastaa	[tɑrkɑstɑ:]
courir (vi)	juosta	[juostɑ]
coûter (vt)	maksaa	[mɑksɑ:]
créer (vt)	luoda	[luodɑ]
creuser (vt)	kaivaa	[kɑjʋɑ:]
crier (vi)	huutaa	[hu:tɑ:]

14. Les verbes les plus importants. Partie 2

décorer (~ la maison)	**koristaa**	[korista:]
défendre (vt)	**puolustaa**	[puolusta:]
déjeuner (vi)	**syödä päivällistä**	[syødæ pæjuællistæ]
demander (~ l'heure)	**kysyä**	[kysyæ]
demander (de faire qch)	**pyytää**	[py:tæ:]
descendre (vi)	**laskeutua**	[laskeutua]
deviner (vt)	**arvata**	[aruata]
dîner (vi)	**illastaa**	[illasta:]
dire (vt)	**sanoa**	[sanoa]
diriger (~ une usine)	**johtaa**	[øhta:]
discuter (vt)	**käsitellä**	[kæsiteʎæ]
donner (vt)	**antaa**	[anta:]
donner un indice	**vihjata**	[uihʰjata]
douter (vt)	**epäillä**	[epæjʎæ]
écrire (vt)	**kirjoittaa**	[kirʰojtta:]
entendre (bruit, etc.)	**kuulla**	[ku:lla]
entrer (vi)	**tulla sisään**	[tulla sisæ:n]
envoyer (vt)	**lähettää**	[ʎæhettæ:]
espérer (vi)	**toivoa**	[tojuoa]
essayer (vt)	**koettaa**	[koetta:]
être (vi)	**olla**	[olla]
être d'accord	**suostua**	[suostua]
être nécessaire	**tarvitsee**	[taruitse:]
être pressé	**kiirehtiä**	[ki:irehtiæ]
étudier (vt)	**oppia**	[oppia]
exiger (vt)	**vaatia**	[ua:tia]
exister (vi)	**olla olemassa**	[olla olemassa]
expliquer (vt)	**selittää**	[selittæ:]
faire (vt)	**tehdä**	[tehdæ]
faire tomber	**pudottaa**	[pudotta:]
finir (vt)	**lopettaa**	[lopetta:]
garder (conserver)	**säilyttää**	[sæjlyttæ:]
gronder, réprimander (vt)	**haukkua**	[haukkua]
informer (vt)	**tiedottaa**	[tiedotta:]
insister (vi)	**pysyä kannassaan**	[pysyæ kaŋassa:n]
insulter (vt)	**loukata**	[loukata]
inviter (vt)	**kutsua**	[kutsua]
jouer (s'amuser)	**leikkiä**	[lejkkiæ]

15. Les verbes les plus importants. Partie 3

libérer (ville, etc.)	**vapauttaa**	[ʋɑpɑuttɑ:]
lire (vi, vt)	**lukea**	[lukeɑ]
louer (prendre en location)	**vuokrata**	[ʋuokrɑtɑ]
manquer (l'école)	**olla poissa**	[ollɑ pojssɑ]
menacer (vt)	**uhata**	[uhɑtɑ]

mentionner (vt)	**mainita**	[mɑjnitɑ]
montrer (vt)	**näyttää**	[næyttæ:]
nager (vi)	**uida**	[ujdɑ]
objecter (vt)	**väittää vastaan**	[ʋæjttæ: ʋɑstɑ:n]
observer (vt)	**seurata**	[seurɑtɑ]

ordonner (mil.)	**käskeä**	[kæskeæ]
oublier (vt)	**unohtaa**	[unohtɑ:]
ouvrir (vt)	**avata**	[ɑʋɑtɑ]
pardonner (vt)	**antaa anteeksi**	[ɑntɑ: ɑnte:ksi]
parler (vi, vt)	**keskustella**	[keskustellɑ]

participer à ...	**osallistua**	[osɑllistuɑ]
payer (régler)	**maksaa**	[mɑksɑ:]
penser (vi, vt)	**ajatella**	[ɑjɑtellɑ]
permettre (vt)	**antaa lupa**	[ɑntɑ: lupɑ]
plaire (être apprécié)	**pitää**	[pitæ:]

plaisanter (vi)	**laskea leikkiä**	[lɑskeɑ lejkkiæ]
planifier (vt)	**suunnitella**	[su:ɲitellɑ]
pleurer (vi)	**itkeä**	[itkeæ]
posséder (vt)	**omistaa**	[omistɑ:]
pouvoir (v aux)	**voida**	[ʋojdɑ]
préférer (vt)	**katsoa parhaaksi**	[kɑtsoɑ pɑrhɑ:ksi]

prendre (vt)	**ottaa**	[ottɑ:]
prendre en note	**kirjoittaa muistiin**	[kirʰojttɑ: mujsti:in]
prendre le petit déjeuner	**syödä aamiaista**	[syødæ ɑ:miɑjstɑ]
préparer (le dîner)	**laittaa**	[lɑjttɑ:]
prévoir (vt)	**nähdä ennakolta**	[næhdæ eɲɑkoltɑ]

prier (~ Dieu)	**rukoilla**	[rukojllɑ]
promettre (vt)	**luvata**	[luʋɑtɑ]
prononcer (vt)	**lausua**	[lɑusuɑ]
proposer (vt)	**ehdottaa**	[ehdottɑ:]
punir (vt)	**rangaista**	[rɑŋɑjstɑ]

16. Les verbes les plus importants. Partie 4

recommander (vt)	**suositella**	[suositellɑ]
regretter (vt)	**sääliä**	[sæ:liæ]

répéter (dire encore)	toistaa	[tojsta:]
répondre (vi, vt)	vastata	[ʋastata]
réserver (une chambre)	reservoida	[reserʋojda]

rester silencieux	olla vaiti	[olla ʋajti]
réunir (regrouper)	yhdistää	[yhdistæ:]
rire (vi)	nauraa	[naura:]
s'arrêter (vp)	pysähtyä	[pysæhtyæ]
s'asseoir (vp)	istua	[istua]

sauver (la vie à qn)	pelastaa	[pelasta:]
savoir (qch)	tietää	[tietæ:]
se baigner (vp)	kylpeä	[kylpeæ]
se plaindre (vp)	valittaa	[ʋalitta:]
se refuser (vp)	kieltäytyä	[kæltæytyæ]

se tromper (vp)	erehtyä	[erehtyæ]
se vanter (vp)	kehua	[kehua]
s'étonner (vp)	ihmetellä	[ihmeteʎæ]
s'excuser (vp)	pyytää anteeksi	[py:tæ: ante:ksi]
signer (vt)	allekirjoittaa	[allekirʰojtta:]

signifier (vt)	merkitä	[merkitæ]
s'intéresser (vp)	kiinnostua	[ki:iŋostua]
sortir (aller dehors)	poistua	[pojstua]
sourire (vi)	hymyillä	[hymyjʎæ]
sous-estimer (vt)	aliarvioida	[aliarʋiojda]

suivre ... (suivez-moi)	seurata	[seurata]
tirer (vi)	ampua	[ampua]
tomber (vi)	kaatua	[ka:tua]
toucher (avec les mains)	koskettaa	[kosketta:]
tourner (~ à gauche)	kääntää	[kæ:ntæ:]

traduire (vt)	kääntää	[kæ:ntæ:]
travailler (vi)	työskennellä	[tyøskeŋeʎæ]
tromper (vt)	pettää	[pettæ:]
trouver (vt)	löytää	[løytæ:]
tuer (vt)	murhata	[murhata]
vendre (vt)	myydä	[my:dæ]

venir (vi)	saapua	[sa:pua]
voir (vt)	nähdä	[ɲæhdæ]
voler (avion, oiseau)	lentää	[lentæ:]
voler (qch à qn)	varastaa	[ʋarasta:]
vouloir (vt)	haluta	[haluta]

T&P BOOKS

LA NOTION DE TEMPS.
LE CALENDRIER

17. Les jours de la semaine
18. Les heures. Le jour et la nuit
19. Les mois. Les saisons

T&P Books Publishing

17. Les jours de la semaine

lundi (m)	maanantai	[maːnantaj]
mardi (m)	tiistai	[tiːistaj]
mercredi (m)	keskiviikko	[keskiʋiːikko]
jeudi (m)	torstai	[torstaj]
vendredi (m)	perjantai	[perʰjantaj]
samedi (m)	lauantai	[lauantaj]
dimanche (m)	sunnuntai	[suŋuntaj]
aujourd'hui (adv)	tänään	[tænæːn]
demain (adv)	huomenna	[huomeŋa]
après-demain (adv)	ylihuomenna	[ylihuomeŋa]
hier (adv)	eilen	[ejlen]
avant-hier (adv)	toissapäivänä	[tojssa pæjuæɲæ]
jour (m)	päivä	[pæjuæ]
jour (m) ouvrable	työpäivä	[tyøpæjuæ]
jour (m) férié	juhlapäivä	[juhlapæjuæ]
jour (m) de repos	vapaapäivä	[ʋapaːpæjuæ]
week-end (m)	viikonloppu	[ʋiːikon loppu]
toute la journée	koko päivän	[koko pæjuæn]
le lendemain	ensi päivänä	[ensi pæjuæɲæ]
il y a 2 jours	kaksi päivää sitten	[kaksi pæjuæː sitten]
la veille	aattona	[aːttona]
quotidien (adj)	jokapäiväinen	[øka pæjuæjnen]
tous les jours	joka päivä	[øka pæjuæ]
semaine (f)	viikko	[ʋiːikko]
la semaine dernière	viime viikolla	[ʋiːime ʋiːikolla]
la semaine prochaine	ensi viikolla	[ensi ʋiːikolla]
hebdomadaire (adj)	jokaviikkoinen	[økaʋiːikkojnen]
chaque semaine	joka viikko	[øka ʋiːikko]
2 fois par semaine	kaksi kertaa viikossa	[kaksi kertaː ʋiːikossa]
tous les mardis	joka tiistai	[øka tiːistaj]

18. Les heures. Le jour et la nuit

matin (m)	aamu	[aːmu]
le matin	aamulla	[aːmulla]
midi (m)	puolipäivä	[puolipæjuæ]
dans l'après-midi	iltapäivällä	[ilta pæjuæʎæ]
soir (m)	ilta	[ilta]

le soir	illalla	[illɑllɑ]
nuit (f)	yö	[yø]
la nuit	yöllä	[yøʎæ]
minuit (f)	puoliyö	[puoli yø]

seconde (f)	sekunti	[sekunti]
minute (f)	minuutti	[minu:tti]
heure (f)	tunti	[tunti]
demi-heure (f)	puoli tuntia	[puoli tuntiɑ]
un quart d'heure	vartti	[ʋɑrtti]
quinze minutes	viisitoista minuuttia	[ʋi:isitojstɑ minu:ttiɑ]
vingt-quatre heures	vuorokausi	[ʋuoro kausi]

lever (m) du soleil	auringonnousu	[auriŋon nousu]
aube (f)	sarastus	[sɑrɑstus]
point (m) du jour	varhainen aamu	[ʋɑrhɑjnen ɑ:mu]
coucher (m) du soleil	auringonlasku	[auriŋon lɑsku]

tôt le matin	aamulla aikaisin	[ɑ:mullɑ ɑjkɑjsin]
ce matin	tänä aamuna	[tæɲæ ɑ:munɑ]
demain matin	ensi aamuna	[ensi ɑ:munɑ]

cet après-midi	tänä päivänä	[tæɲæ pæjʋæɲæ]
dans l'après-midi	iltapäivällä	[iltɑ pæjʋæʎæ]
demain après-midi	huomisiltapäivällä	[huomis iltɑ pæjʋæʎæ]

| ce soir | tänä iltana | [tæɲæ iltɑnɑ] |
| demain soir | ensi iltana | [ensi iltɑnɑ] |

à 3 heures précises	tasan kolmelta	[tasan kolmeltɑ]
autour de 4 heures	noin neljältä	[nojn nelʰæltæ]
vers midi	kahdentoista mennessä	[kahdentojstɑ menessæ]

dans 20 minutes	kahdenkymmenen minuutin kuluttua	[kahdeŋkymmenen minu:tin kuluttuɑ]
dans une heure	tunnin kuluttua	[tuŋin kuluttuɑ]
à temps	ajoissa	[ɑøjssɑ]

... moins le quart	varttia vaille	[ʋɑrttiɑ ʋɑjlle]
en une heure	tunnin kuluessa	[tuŋin kuluessɑ]
tous les quarts d'heure	viidentoista minuutin välein	[ʋi:iden tojstɑ minu:tin ʋælejn]
24 heures sur 24	ympäri vuorokauden	[ympæri ʋuoro kauden]

19. Les mois. Les saisons

janvier (m)	tammikuu	[tammiku:]
février (m)	helmikuu	[helmiku:]
mars (m)	maaliskuu	[mɑ:lisku:]
avril (m)	huhtikuu	[huhtiku:]

| mai (m) | toukokuu | [toukoku:] |
| juin (m) | kesäkuu | [kesæku:] |

juillet (m)	heinäkuu	[hejɲæku:]
août (m)	elokuu	[eloku:]
septembre (m)	syyskuu	[sy:sku:]
octobre (m)	lokakuu	[lokaku:]
novembre (m)	marraskuu	[marrasku:]
décembre (m)	joulukuu	[øuluku:]

printemps (m)	kevät	[keʋæt]
au printemps	keväällä	[keʋæːʎæ]
de printemps (adj)	keväinen	[keʋæjnen]

été (m)	kesä	[kesæ]
en été	kesällä	[kesæʎæ]
d'été (adj)	kesäinen	[kesæjnen]

automne (m)	syksy	[syksy]
en automne	syksyllä	[syksyʎæ]
d'automne (adj)	syksyinen	[syksyjnen]

hiver (m)	talvi	[talʋi]
en hiver	talvella	[talʋella]
d'hiver (adj)	talvinen	[talʋinen]

mois (m)	kuukausi	[ku:kausi]
ce mois	tässä kuukaudessa	[tæssæ ku:kaudessa]
le mois prochain	ensi kuukaudessa	[ensi ku:kaudessa]
le mois dernier	viime kuukaudessa	[ʋi:ime ku:kaudessa]

il y a un mois	kuukausi sitten	[ku:kausi sitten]
dans un mois	kuukauden kuluttua	[ku:kauden kuluttua]
dans 2 mois	kahden kuukauden kuluttua	[kahden ku:kauden kuluttua]
tout le mois	koko kuukauden	[koko ku:kauden]
tout un mois	koko kuukauden	[koko ku:kauden]

mensuel (adj)	kuukautinen	[ku:kautinen]
mensuellement	kuukausittain	[ku:kausittajn]
chaque mois	joka kuukausi	[øka ku:kausi]
2 fois par mois	kaksi kertaa kuukaudessa	[kaksi kerta: ku:kaudessa]

année (f)	vuosi	[ʋuosi]
cette année	tänä vuonna	[tæɲæ ʋuoŋa]
l'année prochaine	ensi vuonna	[ensi ʋuoŋa]
l'année dernière	viime vuonna	[ʋi:ime ʋuoŋa]

il y a un an	vuosi sitten	[ʋuosi sitten]
dans un an	vuoden kuluttua	[ʋuoden kuluttua]
dans 2 ans	kahden vuoden kuluttua	[kahden ʋuoden kuluttua]

| toute l'année | koko vuoden | [koko ʋuoden] |
| toute une année | koko vuoden | [koko ʋuoden] |

chaque année	joka vuosi	[øka ʋuosi]
annuel (adj)	vuosittainen	[ʋuosittajnen]
annuellement	vuosittain	[ʋuosittajn]
4 fois par an	neljä kertaa vuodessa	[nelʰjæ kerta: ʋuodessa]

date (f) (jour du mois)	päivä	[pæjʋæ]
date (f) (~ mémorable)	päivämäärä	[pæjʋæmæ:ræ]
calendrier (m)	kalenteri	[kalenteri]

six mois	puoli vuotta	[puoli ʋuotta]
semestre (m)	vuosipuolisko	[ʋuosi puolisko]
saison (f)	kausi	[kausi]
siècle (m)	vuosisata	[ʋuosisata]

LES VOYAGES. L'HÔTEL

20. Les voyages. Les excursions
21. L'hôtel
22. Le tourisme

USD CAD
EUR CHF
JPY HKD
GBP CNY

RECEPTION

T&P Books Publishing

20. Les voyages. Les excursions

tourisme (m)	**matkailu**	[matkɑjlu]
touriste (m)	**matkailija**	[matkɑjlija]
voyage (m) (à l'étranger)	**matka**	[matkɑ]
aventure (f)	**seikkailu**	[sejkkɑjlu]
voyage (m)	**matka**	[matkɑ]
vacances (f pl)	**loma**	[lomɑ]
être en vacances	**olla lomalla**	[ollɑ lomɑllɑ]
repos (m) (jours de ~)	**lepo**	[lepo]
train (m)	**juna**	[junɑ]
en train	**junalla**	[junɑllɑ]
avion (m)	**lentokone**	[lentokone]
en avion	**lentokoneella**	[lentokone:llɑ]
en voiture	**autolla**	[autollɑ]
en bateau	**laivalla**	[lajʋɑllɑ]
bagage (m)	**matkatavarat**	[matkataʋarat]
malle (f)	**matkalaukku**	[matkalaukku]
chariot (m)	**matkatavarakärryt**	[matkataʋarat kærryt]
passeport (m)	**passi**	[passi]
visa (m)	**viisumi**	[ʋi:isumi]
ticket (m)	**lippu**	[lippu]
billet (m) d'avion	**lentolippu**	[lentolippu]
guide (m) (livre)	**opas**	[opɑs]
carte (f)	**kartta**	[kartta]
région (f) (~ rurale)	**seutu**	[seutu]
endroit (m)	**paikka**	[pɑjkkɑ]
exotisme (m)	**eksoottisuus**	[ekso:ttisu:s]
exotique (adj)	**eksoottinen**	[ekso:ttinen]
étonnant (adj)	**ihmeellinen**	[ihme:llinen]
groupe (m)	**ryhmä**	[ryhmæ]
excursion (f)	**retki**	[retki]
guide (m) (personne)	**opas**	[opɑs]

21. L'hôtel

hôtel (m)	**hotelli**	[hotelli]
motel (m)	**motelli**	[motelli]

3 étoiles	kolme tähteä	[kolme tæhteæ]
5 étoiles	viisi tähteä	[ui:isi tæhteæ]
descendre (à l'hôtel)	majoittua	[maøjttua]

chambre (f)	huone	[huone]
chambre (f) simple	yhden hengen huone	[yhden heŋen huone]
chambre (f) double	kahden hengen huone	[kahden heŋen huone]
réserver une chambre	varata huone	[uarata huone]

| demi-pension (f) | puolihoito | [puolihojto] |
| pension (f) complète | täysihoito | [tæysihojto] |

avec une salle de bain	ammeen kanssa	[amme:n kanssa]
avec une douche	suihkun kanssa	[sujhkun kanssa]
télévision (f) par satellite	satelliittitelevisio	[satelli:itti teleuisio]
climatiseur (m)	ilmastointilaite	[ilmastojntilajte]
serviette (f)	pyyhe	[py:he]
clé (f)	avain	[auajn]

administrateur (m)	vastaanottaja	[uasta:nottajæ]
femme (f) de chambre	kerrossiivooja	[kerrossi:iuo:ja]
porteur (m)	kantaja	[kantaja]
portier (m)	vahtimestari	[uahti mestari]

restaurant (m)	ravintola	[rauintola]
bar (m)	baari	[ba:ri]
petit déjeuner (m)	aamiainen	[a:miajnen]
dîner (m)	illallinen	[illallinen]
buffet (m)	noutopöytä	[nouto pøytæ]

| hall (m) | eteishalli | [etejshalli] |
| ascenseur (m) | hissi | [hissi] |

| PRIÈRE DE NE PAS DÉRANGER | ÄLKÄÄ HÄIRITKÖ | [ælkæ: ħæjritkø] |
| DÉFENSE DE FUMER | EI SAA POLTTAA! | [ej sa: poltta:] |

22. Le tourisme

monument (m)	patsas	[patsas]
forteresse (f)	linna	[liŋa]
palais (m)	palatsi	[palatsi]
château (m)	linna	[liŋa]
tour (f)	torni	[torni]
mausolée (m)	mausoleumi	[mausoleumi]

architecture (f)	arkkitehtuuri	[arrkitehtu:ri]
médiéval (adj)	keskiaikainen	[keskiajkajnen]
ancien (adj)	vanha	[uanha]
national (adj)	kansallinen	[kansallinen]

connu (adj)	tunnettu	[tuŋettu]
touriste (m)	matkailija	[matkɑjlijɑ]
guide (m) (personne)	opas	[opɑs]
excursion (f)	retki	[retki]
montrer (vt)	näyttää	[ɲæyttæ:]
raconter (une histoire)	kertoa	[kertoɑ]

trouver (vt)	löytää	[løytæ:]
se perdre (vp)	hävitä	[hæʋitæ]
plan (m) (du metro, etc.)	reittikartta	[rejtti kɑrttɑ]
carte (f) (de la ville, etc.)	asemakaava	[ɑsemɑ kɑ:ʋɑ]

souvenir (m)	muistoesine	[mujstoesine]
boutique (f) de souvenirs	matkamuistokauppa	[mɑtkɑ mujsto kɑuppɑ]
prendre en photo	valokuvata	[ʋɑlokuʋɑtɑ]
se faire prendre en photo	valokuvauttaa itsensä	[ʋɑlo kuʋɑuttɑ: itsensæ]

LES TRANSPORTS

23. L'aéroport
24. L'avion
25. Le train
26. Le bateau

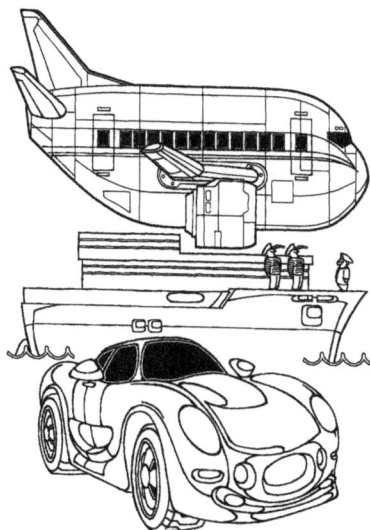

T&P Books Publishing

23. L'aéroport

aéroport (m)	lentoasema	[lentoasema]
avion (m)	lentokone	[lentokone]
compagnie (f) aérienne	lentoyhtiö	[lentoyhtiø]
contrôleur (m) aérien	valvoja	[ʋalʋoja]
départ (m)	lentoonlähtö	[lento:nʎæhtø]
arrivée (f)	tulo	[tulo]
arriver (par avion)	lentää	[lentæ:]
temps (m) de départ	lähtöaika	[ʎæhtø ajka]
temps (m) d'arrivée	saapumisaika	[sa:pumis ajka]
être retardé	myöhästyä	[myøhæstyæ]
retard (m) de l'avion	lennon viivytys	[leŋon ʋi:iʋytys]
tableau (m) d'informations	tiedotustaulu	[tiedotus taulu]
information (f)	tiedotus	[tiedotus]
annoncer (vt)	ilmoittaa	[ilmojtta:]
vol (m)	lento	[lento]
douane (f)	tulli	[tulli]
douanier (m)	tullimies	[tullimies]
déclaration (f) de douane	tullausilmoitus	[tullaus ilmojtus]
remplir la déclaration	täyttää tullausilmoitus	[tæyttæ: tullaus ilmojtus]
contrôle (m) de passeport	passintarkastus	[passin tarkastus]
bagage (m)	matkatavarat	[matkataʋarat]
bagage (m) à main	käsimatkatavara	[kæsimatkataʋara]
service des objets trouvés	matkatavaroiden etsintä	[matkataʋarojden etsintæ]
chariot (m)	matkatavarakärryt	[matkataʋarat kærryt]
atterrissage (m)	lasku	[lasku]
piste (f) d'atterrissage	laskurata	[laskurata]
atterrir (vi)	laskeutua	[laskeutua]
escalier (m) d'avion	portaat	[porta:t]
enregistrement (m)	rekisteröinti	[rekisterøinti]
comptoir (m) d'enregistrement	rekisteröintitiski	[rekisterøinti tiski]
s'enregistrer (vp)	ilmoittautua	[ilmojttautua]
carte (f) d'embarquement	lippu	[lippu]
porte (f) d'embarquement	lentokoneen pääsy	[lentokone:n pæ:sy]
transit (m)	kauttakulku	[kauttakulku]

attendre (vt)	odottaa	[odotta:]
salle (f) d'attente	odotussali	[odotussali]
raccompagner (à l'aéroport, etc.)	saattaa	[sa:tta:]
dire au revoir	hyvästellä	[hyʋæsteʌæ]

24. L'avion

avion (m)	lentokone	[lentokone]
billet (m) d'avion	lentolippu	[lentolippu]
compagnie (f) aérienne	lentoyhtiö	[lentoyhtiø]
aéroport (m)	lentoasema	[lentoasema]
supersonique (adj)	äänen nopeuden ylittävä	[æ:nen nopeuden ylittæʋæ]

commandant (m) de bord	lentokoneen päällikkö	[lentokone:n pæ:llikkø]
équipage (m)	miehistö	[mæhisto]
pilote (m)	lentäjä	[lentæjæ]
hôtesse (f) de l'air	lentoemäntä	[lentoemæntæ]
navigateur (m)	perämies	[peræmies]

ailes (f pl)	siivet	[si:iʋet]
queue (f)	pyrstö	[pyrstø]
cabine (f)	hytti	[hytti]
moteur (m)	moottori	[mo:ttori]
train (m) d'atterrissage	laskuteline	[laskuteline]
turbine (f)	turbiini	[turbi:ini]

hélice (f)	propelli	[propelli]
boîte (f) noire	musta laatikko	[musta la:tikko]
gouvernail (m)	ruoriratas	[ruoriratas]
carburant (m)	polttoaine	[polttoajne]

consigne (f) de sécurité	ohje	[ohʰje]
masque (m) à oxygène	happinaamari	[happina:mari]
uniforme (m)	univormu	[uniʋormu]
gilet (m) de sauvetage	pelastusliivi	[pelastusli:iʋi]
parachute (m)	laskuvarjo	[lasku ʋarʰø]

décollage (m)	ilmaannousu	[ilma:ŋousu]
décoller (vi)	nousta ilmaan	[nousta ilma:n]
piste (f) de décollage	kiitorata	[ki:itorata]

visibilité (f)	näkyvyys	[ɲækyʋy:s]
vol (m) (~ d'oiseau)	lento	[lento]
altitude (f)	korkeus	[korkeus]
trou (m) d'air	ilmakuoppa	[ilmakuoppa]

| place (f) | paikka | [pajkka] |
| écouteurs (m pl) | kuulokkeet | [ku:lokke:t] |

tablette (f)	kääntöpöytä	[kæːntøpøytæ]
hublot (m)	ikkuna	[ikkuna]
couloir (m)	käytävä	[kæytæʋæ]

25. Le train

train (m)	juna	[juna]
train (m) de banlieue	sähköjuna	[sæhkøjuna]
TGV (m)	pikajuna	[pikajuna]
locomotive (f) diesel	moottoriveturi	[moːttoriʋeturi]
locomotive (f) à vapeur	veturi	[ʋeturi]

| wagon (m) | vaunu | [ʋaunu] |
| wagon-restaurant (m) | ravintolavaunu | [raʋintola ʋaunu] |

rails (m pl)	ratakiskot	[ratakiskot]
chemin (m) de fer	rautatie	[rautatie]
traverse (f)	ratapölkky	[ratapølkky]

quai (m)	asemalaituri	[asema lajturi]
voie (f)	raide	[rajde]
sémaphore (m)	siipiopastin	[siːipi opastin]
station (f)	asema	[asema]

conducteur (m) de train	junankuljettaja	[yneŋkuʌættaja]
porteur (m)	kantaja	[kantaja]
steward (m)	vaununhoitaja	[ʋaunun hojtaja]
passager (m)	matkustaja	[matkustaja]
contrôleur (m) de billets	tarkastaja	[tarkastaja]

| couloir (m) | käytävä | [kæytæʋæ] |
| frein (m) d'urgence | hätäjarru | [hætæjarru] |

compartiment (m)	vaununosasto	[ʋaunun osasto]
couchette (f)	vuode	[ʋuode]
couchette (f) d'en haut	ylävuode	[yʌæʋuode]
couchette (f) d'en bas	alavuode	[alaʋuode]
linge (m) de lit	vuodevaatteet	[ʋuodeʋaːtteːt]

ticket (m)	lippu	[lippu]
horaire (m)	aikataulu	[ajkataulu]
tableau (m) d'informations	ilmoitustaulu	[ilmojtustaulu]

partir (vi)	lähteä	[ʌæhteæ]
départ (m) (du train)	junan lähtö	[junan ʌæhtø]
arriver (le train)	saapua	[saːpua]
arrivée (f)	saapuminen	[saːpuminen]

| arriver en train | tulla junalla | [tulla junalla] |
| prendre le train | nousta junaan | [nousta junaːn] |

descendre du train	nousta junasta	[nousta junasta]
accident (m) ferroviaire	onnettomuus	[oɲettomu:s]
locomotive (f) à vapeur	veturi	[ʋeturi]
chauffeur (m)	lämmittäjä	[ʎæmmittæjæ]
chauffe (f)	lämmitys	[ʎæmmitys]
charbon (m)	hiili	[hi:ili]

26. Le bateau

| bateau (m) | laiva | [lɑjʋɑ] |
| navire (m) | alus | [ɑlus] |

bateau (m) à vapeur	höyrylaiva	[højrylɑjʋɑ]
paquebot (m)	jokilaiva	[økilɑjʋɑ]
bateau (m) de croisière	risteilijä	[ristejlijæ]
croiseur (m)	risteilijä	[ristejlijæ]

yacht (m)	pursi	[pursi]
remorqueur (m)	hinausköysi	[hinɑuskøysi]
péniche (f)	proomu	[pro:mu]
ferry (m)	lautta	[lautta]

| voilier (m) | purjealus | [purʰjeɑlus] |
| brigantin (m) | merirosvot | [merirosʋot] |

| brise-glace (m) | jäänmurtaja | [jæ:nmurtɑjɑ] |
| sous-marin (m) | sukellusvene | [sukellusʋene] |

canot (m) à rames	jolla	[ølla]
dinghy (m)	vene	[ʋene]
canot (m) de sauvetage	pelastusvene	[pelɑstus ʋene]
canot (m) à moteur	moottorivene	[mo:ttoriʋene]

capitaine (m)	kapteeni	[kɑpte:ni]
matelot (m)	matruusi	[mɑtru:si]
marin (m)	merimies	[merimies]
équipage (m)	miehistö	[mæhisto]

maître (m) d'équipage	pursimies	[pursimies]
mousse (m)	laivapoika	[lɑjʋɑ pojkɑ]
cuisinier (m) du bord	kokki	[kokki]
médecin (m) de bord	laivalääkäri	[lɑjʋɑ læ:kæri]

pont (m)	kansi	[kɑnsi]
mât (m)	masto	[mɑsto]
voile (f)	purje	[purʰje]

cale (f)	ruuma	[ru:mɑ]
proue (f)	keula	[keulɑ]
poupe (f)	perä	[peræ]

rame (f)	airo	[ajro]
hélice (f)	potkuri	[potkuri]

cabine (f)	hytti	[hytti]
carré (m) des officiers	upseerimessi	[upse:ri messi]
salle (f) des machines	konehuone	[konehuone]
passerelle (f)	komentosilta	[komentosilta]
cabine (f) de T.S.F.	radiohuone	[radiohuone]
onde (f)	aalto	[a:lto]
journal (m) de bord	laivapäiväkirja	[lajʋa pæjʋækirʰja]

longue-vue (f)	kaukoputki	[kaukoputki]
cloche (f)	kello	[kello]
pavillon (m)	lippu	[lippu]

grosse corde (f) tressée	köysi	[køysi]
nœud (m) marin	solmu	[solmu]

rampe (f)	käsipuu	[kæsipu:]
passerelle (f)	portaat	[porta:t]

ancre (f)	ankkuri	[aŋkkuri]
lever l'ancre	nostaa ankkuri	[nosta: aŋkkuri]
jeter l'ancre	heittää ankkuri	[hejttæ: aŋkkuri]
chaîne (f) d'ancrage	ankkuriketju	[aŋkkuriketju]

port (m)	satama	[satama]
embarcadère (m)	laituri	[lajturi]
accoster (vi)	laskea laituriin	[laskea lajturi:in]
larguer les amarres	irtautua	[irtautua]

voyage (m) (à l'étranger)	matka	[matka]
croisière (f)	laivamatka	[lajʋamatka]
cap (m) (suivre un ~)	kurssi	[kurssi]
itinéraire (m)	reitti	[rejtti]

chenal (m)	väylä	[ʋæyʎæ]
bas-fond (m)	matalikko	[matalikko]
échouer sur un bas-fond	ajautua matalikolle	[ajautua matalikolle]

tempête (f)	myrsky	[myrsky]
signal (m)	merkki	[merkki]
sombrer (vi)	upota	[upota]
SOS (m)	SOS	[sos]
bouée (f) de sauvetage	pelastusrengas	[pelastus reŋas]

T&P BOOKS

LA VILLE

27. Les transports en commun
28. La ville. La vie urbaine
29. Les institutions urbaines
30. Les enseignes. Les panneaux
31. Le shopping

T&P Books Publishing

autobus (m)	**bussi**	[bussi]
tramway (m)	**raitiovaunu**	[rɑjtiovɑunu]
trolleybus (m)	**johdinauto**	[øhdin ɑuto]
itinéraire (m)	**reitti**	[rejtti]
numéro (m)	**numero**	[numero]
prendre ...	**mennä ...**	[meŋæ]
monter (dans l'autobus)	**nousta**	[noustɑ]
descendre de ...	**astua ulos**	[ɑstuɑ ulos]
arrêt (m)	**pysäkki**	[pysækki]
arrêt (m) prochain	**seuraava pysäkki**	[seurɑːʋɑ pysækki]
terminus (m)	**viimeinen pysäkki**	[ʋiːimejnen pysækki]
horaire (m)	**aikataulu**	[ɑjkɑtɑulu]
attendre (vt)	**odottaa**	[odottɑː]
ticket (m)	**lippu**	[lippu]
prix (m) du ticket	**lipun hinta**	[lipun hintɑ]
caissier (m)	**kassanhoitaja**	[kɑssɑnhojtɑjɑ]
contrôle (m) des tickets	**tarkastus**	[tɑrkɑstus]
contrôleur (m)	**tarkastaja**	[tɑrkɑstɑjɑ]
être en retard	**myöhästyä**	[myøɦæstyæ]
rater (~ le train)	**myöhästyä**	[myøɦæstyæ]
se dépêcher	**kiirehtiä**	[kiːirehtiæ]
taxi (m)	**taksi**	[tɑksi]
chauffeur (m) de taxi	**taksinkuljettaja**	[tɑksin kuʎjettɑjɑ]
en taxi	**taksilla**	[tɑksillɑ]
arrêt (m) de taxi	**taksiasema**	[tɑksiɑsemɑ]
appeler un taxi	**tilata taksi**	[tilɑtɑ tɑksi]
prendre un taxi	**ottaa taksi**	[ottɑː tɑksi]
trafic (m)	**katuliikenne**	[kɑtuliːikeŋe]
embouteillage (m)	**ruuhka**	[ruːhkɑ]
heures (f pl) de pointe	**ruuhka-aika**	[ruːhkɑ ɑjkɑ]
se garer (vp)	**pysäköidä**	[pysækøjdæ]
garer (vt)	**pysäköidä**	[pysækøjdæ]
parking (m)	**parkkipaikka**	[pɑrkki pɑjkkɑ]
métro (m)	**metro**	[metro]
station (f)	**asema**	[ɑsemɑ]
prendre le métro	**mennä metrolla**	[meŋæ metrollɑ]

| train (m) | juna | [juna] |
| gare (f) | rautatieasema | [rautatieasema] |

28. La ville. La vie urbaine

ville (f)	kaupunki	[kaupuŋki]
capitale (f)	pääkaupunki	[pæ:kaupuŋki]
village (m)	kylä	[kyʌæ]

plan (m) de la ville	kaupungin asemakaava	[kaupuŋin asema ka:ʋa]
centre-ville (m)	kaupungin keskusta	[kaupuŋin keskusta]
banlieue (f)	esikaupunki	[esikaupuŋki]
de banlieue (adj)	esikaupunki-	[esikaupuŋki]

périphérie (f)	laita	[lajta]
alentours (m pl)	ympäristö	[ympæristø]
quartier (m)	kortteli	[kortteli]
quartier (m) résidentiel	asuinkortteli	[asujŋkortteli]

trafic (m)	liikenne	[li:ikeŋe]
feux (m pl) de circulation	liikennevalot	[li:ikeŋeʋalot]
transport (m) urbain	julkiset kulkuvälineet	[julkiset kulkuʋæline:t]
carrefour (m)	risteys	[risteys]

passage (m) piéton	suojatie	[suojatæ]
passage (m) souterrain	alikäytävä	[alikæytæʋæ]
traverser (vt)	mennä yli	[meŋæ yli]
piéton (m)	jalankulkija	[jalaŋkulkija]
trottoir (m)	jalkakäytävä	[jalkakæytæʋæ]

pont (m)	silta	[silta]
quai (m)	rantakatu	[rantakatu]
fontaine (f)	suihkulähde	[sujhku ʌæhde]

allée (f)	lehtikuja	[lehti kuja]
parc (m)	puisto	[pujsto]
boulevard (m)	bulevardi	[buleʋardi]
place (f)	aukio	[aukio]
avenue (f)	valtakatu	[ʋalta katu]
rue (f)	katu	[katu]
ruelle (f)	kuja	[kuja]
impasse (f)	umpikuja	[umpikuja]

maison (f)	talo	[talo]
édifice (m)	rakennus	[rakeŋus]
gratte-ciel (m)	pilvenpiirtäjä	[pilʋen pi:irtæjæ]

façade (f)	julkisivu	[julkisiʋu]
toit (m)	katto	[katto]
fenêtre (f)	ikkuna	[ikkuna]

arc (m)	kaari	[ka:ri]
colonne (f)	pylväs	[pyluæs]
coin (m)	kulma	[kulma]

vitrine (f)	näyteikkuna	[ɲæyte ikkuna]
enseigne (f)	kyltti	[kyltti]
affiche (f)	juliste	[juliste]
affiche (f) publicitaire	mainosjuliste	[majnos juliste]
panneau-réclame (m)	mainoskilpi	[majnos kilpi]

ordures (f pl)	jätteet	[jætte:t]
poubelle (f)	roskis	[roskis]
jeter à terre	roskata	[roskata]
décharge (f)	kaatopaikka	[ka:topajkka]

cabine (f) téléphonique	puhelinkoppi	[puheliŋkoppi]
réverbère (m)	lyhtypylväs	[lyhtypyluæs]
banc (m)	penkki	[peŋkki]

policier (m)	poliisi	[poli:isi]
police (f)	poliisi	[poli:isi]
clochard (m)	kerjäläinen	[kerʰjæʎæjnen]
sans-abri (m)	koditon	[koditon]

29. Les institutions urbaines

magasin (m)	kauppa	[kauppa]
pharmacie (f)	apteekki	[apte:kki]
opticien (m)	optiikka	[opti:ikka]
centre (m) commercial	kauppakeskus	[kauppa keskus]
supermarché (m)	supermarketti	[supermarketti]

boulangerie (f)	leipäkauppa	[lejpækauppa]
boulanger (m)	leipuri	[lejpuri]
pâtisserie (f)	konditoria	[konditoria]
épicerie (f)	sekatavarakauppa	[sekatauara kauppa]
boucherie (f)	lihakauppa	[lihakauppa]

magasin (m) de légumes	vihanneskauppa	[uihaŋes kauppa]
marché (m)	kauppatori	[kauppatori]

salon (m) de café	kahvila	[kahuila]
restaurant (m)	ravintola	[rauintola]
brasserie (f)	pubi	[pubi]
pizzeria (f)	pizzeria	[pitseria]

salon (m) de coiffure	parturinliike	[parturin li:ike]
poste (f)	posti	[posti]
pressing (m)	kemiallinen pesu	[kemiallinen pesu]
atelier (m) de photo	valokuvausliike	[ualo kuuaus li:ike]

magasin (m) de chaussures	kenkäkauppa	[keŋkækauppa]
librairie (f)	kirjakauppa	[kirʰja kauppa]
magasin (m) d'articles de sport	urheilukauppa	[urhejlu kauppa]

atelier (m) de retouche	vaatteiden korjaus	[ʋɑːttejden korʰjaus]
location (f) de vêtements	vaatteiden vuokra	[ʋɑːttejden ʋuokra]
location (f) de films	elokuvien vuokra	[elo kuʋien ʋuokra]

cirque (m)	sirkus	[sirkus]
zoo (m)	eläintarha	[eʎæjntarha]
cinéma (m)	elokuvateatteri	[elokuʋa teatteri]
musée (m)	museo	[museo]
bibliothèque (f)	kirjasto	[kirʰjasto]

théâtre (m)	teatteri	[teatteri]
opéra (m)	ooppera	[oːppera]
boîte (f) de nuit	yökerho	[yøkerho]
casino (m)	kasino	[kasino]

mosquée (f)	moskeija	[moskeja]
synagogue (f)	synagoga	[synagoga]
cathédrale (f)	tuomiokirkko	[tuomiokirkko]
temple (m)	temppeli	[temppeli]
église (f)	kirkko	[kirkko]

institut (m)	instituutti	[instituːtti]
université (f)	yliopisto	[yliopisto]
école (f)	koulu	[koulu]

préfecture (f)	prefektuuri	[prefektuːri]
mairie (f)	kaupunginhallitus	[kaupuŋin hallitus]
hôtel (m)	hotelli	[hotelli]
banque (f)	pankki	[paŋkki]

ambassade (f)	suurlähetystö	[suːr ʎæhetystø]
agence (f) de voyages	matkatoimisto	[matka tojmisto]
bureau (m) d'information	neuvontatoimisto	[neuʋon tatojmisto]
bureau (m) de change	vaihtopiste	[ʋajhtopiste]

| métro (m) | metro | [metro] |
| hôpital (m) | sairaala | [sajrɑːla] |

| station-service (f) | bensiiniasema | [bensiːni ɑsema] |
| parking (m) | parkkipaikka | [parkki pajkka] |

30. Les enseignes. Les panneaux

| enseigne (f) | kyltti | [kyltti] |
| pancarte (f) | kirjoitus | [kirʰøjtus] |

poster (m)	**juliste**	[juliste]
indicateur (m) de direction	**osoitin**	[osojtin]
flèche (f)	**nuoli**	[nuoli]

avertissement (m)	**varoitus**	[ʋɑrojtus]
panneau d'avertissement	**varoitus**	[ʋɑrojtus]
avertir (vt)	**varoittaa**	[ʋɑrojttɑ:]

jour (m) de repos	**vapaapäivä**	[ʋɑpɑ:pæjʋæ]
horaire (m)	**aikataulu**	[ɑjkɑtɑulu]
heures (f pl) d'ouverture	**aukioloaika**	[ɑukioloɑjkɑ]

BIENVENUE!	**TERVETULOA!**	[terʋetuloɑ]
ENTRÉE	**SISÄÄN**	[sisæ:n]
SORTIE	**ULOS**	[ulos]

POUSSER	**TYÖNNÄ**	[tyøŋæ]
TIRER	**VEDÄ**	[ʋedæ]
OUVERT	**AUKI**	[ɑuki]
FERMÉ	**KIINNI**	[ki:iŋi]

FEMMES	**NAISET**	[nɑjset]
HOMMES	**MIEHET**	[miehet]
RABAIS	**ALE**	[ɑle]
SOLDES	**ALENNUSMYYNTI**	[ɑleŋusmy:nti]
NOUVEAU!	**UUTUUS!**	[u:tu:s]
GRATUIT	**ILMAISEKSI**	[ilmɑjseksi]

ATTENTION!	**HUOMIO!**	[huomio]
COMPLET	**EI OLE TILAA**	[ej ole tilæ:]
RÉSERVÉ	**VARATTU**	[ʋɑrɑttu]

ADMINISTRATION	**HALLINTO**	[hɑllinto]
RÉSERVÉ AU	**VAIN**	[ʋɑjn
PERSONNEL	**HENKILÖKUNNALLE**	heŋkilø kuŋɑlle]

ATTENTION CHIEN	**VARO VIHAISTA**	[ʋɑro ʋihɑjstɑ
MÉCHANT	**KOIRAA**	kojræ:]
DÉFENSE DE FUMER	**TUPAKOINTI KIELLETTY**	[tupɑkojnti kielletty]
PRIÈRE DE NE PAS	**EI SAA KOSKEA!**	[ej sɑ: koskeɑ]
TOUCHER		

DANGEREUX	**ON VAARALLISTA**	[on ʋɑ:rɑllistɑ]
DANGER	**HENGENVAARA**	[heŋenʋɑ:rɑ]
HAUTE TENSION	**SUURJÄNNITE**	[su:rjæŋite]
BAIGNADE INTERDITE	**UIMINEN KIELLETTY**	[ujminen kielletty]
HORS SERVICE	**EI TOIMI**	[ej tojmi]

INFLAMMABLE	**SYTTYVÄ**	[syttyʋæ]
INTERDIT	**KIELLETTY**	[kielletty]
PASSAGE INTERDIT	**LÄPIKULKU KIELLETTY**	[ʎæpikulku kielletty]
PEINTURE FRAÎCHE	**ON MAALATTU**	[on mɑ:lɑttu]

31. Le shopping

acheter (vt)	ostaa	[osta:]
achat (m)	ostos	[ostos]
faire des achats	käydä ostoksilla	[kæydæ ostoksilla]
shopping (m)	ostoksilla käynti	[ostoksilla kæynti]
être ouvert	toimia	[tojmia]
être fermé	olla kiinni	[olla ki:iŋi]
chaussures (f pl)	jalkineet	[jalkine:t]
vêtement (m)	vaatteet	[ʋa:tte:t]
produits (m pl) de beauté	kosmetiikka	[kosmeti:ikka]
produits (m pl) alimentaires	ruokatavarat	[ruoka taʋarat]
cadeau (m)	lahja	[lahʰja]
vendeur (m)	myyjä	[my:jæ]
vendeuse (f)	myyjätär	[my:jætær]
caisse (f)	kassa	[kassa]
miroir (m)	peili	[pejli]
comptoir (m)	tiski	[tiski]
cabine (f) d'essayage	sovitushuone	[soʋitus huone]
essayer (robe, etc.)	sovittaa	[soʋitta:]
aller bien (robe, etc.)	sopia	[sopia]
plaire (être apprécié)	miellyttää	[miellyttæ:]
prix (m)	hinta	[hinta]
étiquette (f) de prix	hintalappu	[hinta lappu]
coûter (vt)	maksaa	[maksa:]
Combien?	Kuinka paljon?	[kuiŋka palʰon]
rabais (m)	alennus	[aleŋus]
pas cher (adj)	halpa	[halpa]
bon marché (adj)	halpa	[halpa]
cher (adj)	kallis	[kallis]
C'est cher	Se on kallista	[se on kallista]
location (f)	vuokra	[ʋuokra]
louer (une voiture, etc.)	vuokrata	[ʋuokrata]
crédit (m)	luotto	[luotto]
à crédit (adv)	luotolla	[luotolla]

LES VÊTEMENTS & LES ACCESSOIRES

32. Les vêtements d'extérieur
33. Les vêtements
34. Les sous-vêtements
35. Les chapeaux
36. Les chaussures
37. Les accessoires personnels
38. Les vêtements. Divers
39. L'hygiène corporelle.
    Les cosmétiques
40. Les montres. Les horloges

T&P Books Publishing

32. Les vêtements d'extérieur

vêtement (m)	vaatteet	[ʋɑːtteːt]
survêtement (m)	päällysvaatteet	[pæːllys ʋɑːtteːt]
vêtement (m) d'hiver	talvivaatteet	[talʋi ʋɑːtteːt]

manteau (m)	takki	[takki]
manteau (m) de fourrure	turkki	[turkki]
veste (f) de fourrure	puoliturkki	[puoli turkki]
manteau (m) de duvet	untuvatakki	[untuʋatakki]

veste (f) (~ en cuir)	takki	[takki]
imperméable (m)	sadetakki	[sadetakki]
imperméable (adj)	vedenpitävä	[ʋedenpitæʋæ]

33. Les vêtements

chemise (f)	paita	[pajta]
pantalon (m)	housut	[housut]
jean (m)	farkut	[farkut]
veston (m)	takki	[takki]
complet (m)	puku	[puku]

robe (f)	leninki	[leniŋki]
jupe (f)	hame	[hame]
chemisette (f)	pusero	[pusero]
veste (f) en laine	villapusero	[ʋillapusero]
jaquette (f), blazer (m)	jakku	[jakku]

tee-shirt (m)	T-paita	[tepajta]
short (m)	sortsit	[sortsit]
costume (m) de sport	urheilupuku	[urhejlupuku]
peignoir (m) de bain	froteinen aamutakki	[frotejnen ɑːmutakki]
pyjama (m)	pyjama	[pyjama]

| chandail (m) | villapaita | [ʋillapajta] |
| pull-over (m) | neulepusero | [neule pusero] |

gilet (m)	liivi	[liːiʋi]
queue-de-pie (f)	frakki	[frakki]
smoking (m)	smokki	[smokki]

| uniforme (m) | univormu | [uniʋormu] |
| tenue (f) de travail | työvaatteet | [tyøʋɑːtteːt] |

| salopette (f) | haalari | [haːlari] |
| blouse (f) (d'un médecin) | lääkärintakki | [læːkærin takki] |

34. Les sous-vêtements

sous-vêtements (m pl)	alusvaatteet	[alusʋaːtteːt]
maillot (m) de corps	aluspaita	[aluspajta]
chaussettes (f pl)	sukat	[sukat]

chemise (f) de nuit	pyjama	[pyjama]
soutien-gorge (m)	rintaliivit	[rintaliːivit]
chaussettes (f pl) hautes	polvisukat	[polʋisukat]
collants (m pl)	sukkahousut	[sukkahousut]
bas (m pl)	sukat	[sukat]
maillot (m) de bain	uimapuku	[ujmapuku]

35. Les chapeaux

chapeau (m)	hattu	[hattu]
chapeau (m) feutre	fedora-hattu	[fedora hattu]
casquette (f) de base-ball	lippalakki	[lippalakki]
casquette (f)	lakki	[lakki]

béret (m)	baskeri	[baskeri]
capuche (f)	huppu	[huppu]
panama (m)	panama	[panama]
bonnet (m) de laine	pipo	[pipo]

| foulard (m) | huivi | [huiʋi] |
| chapeau (m) de femme | hattu | [hattu] |

casque (m) (d'ouvriers)	kypärä	[kypæræ]
calot (m)	suikka	[suikka]
casque (m) (~ de moto)	kypärä	[kypæræ]

| melon (m) | knalli | [knalli] |
| haut-de-forme (m) | silinterihattu | [silinteri hattu] |

36. Les chaussures

chaussures (f pl)	jalkineet	[jalkineːt]
bottines (f pl)	varsikengät	[ʋarsikeŋæt]
souliers (m pl) (~ plats)	kengät	[keŋæt]
bottes (f pl)	saappaat	[saːppaːt]
chaussons (m pl)	tossut	[tossut]
tennis (m pl)	lenkkitossut	[leŋkkitossut]

baskets (f pl)	lenkkarit	[leŋkkɑrit]
sandales (f pl)	sandaalit	[sɑndɑːlit]

cordonnier (m)	suutari	[suːtɑri]
talon (m)	korko	[korko]
paire (f)	pari	[pɑri]

lacet (m)	nauhat	[nɑuhɑt]
lacer (vt)	sitoa kengännauhat	[sitoɑ keɲæŋɑuhɑt]
chausse-pied (m)	kenkälusikka	[keŋkælusikkɑ]
cirage (m)	kenkävoide	[keŋkæʋojde]

37. Les accessoires personnels

gants (m pl)	käsineet	[kæsineːt]
moufles (f pl)	lapaset	[lɑpɑset]
écharpe (f)	kaulaliina	[kɑulɑliːnɑ]

lunettes (f pl)	silmälasit	[silmælɑsit]
monture (f)	kehys	[kehys]
parapluie (m)	sateenvarjo	[sɑteːnʋɑrø]
canne (f)	kävelykeppi	[kæʋelykeppi]
brosse (f) à cheveux	hiusharja	[hiushɑrʰjɑ]
éventail (m)	viuhka	[ʋiuhkɑ]

cravate (f)	solmio	[solmio]
nœud papillon (m)	rusetti	[rusetti]
bretelles (f pl)	henkselit	[heŋkselit]
mouchoir (m)	nenäliina	[neɲæ liːnɑ]

peigne (m)	kampa	[kɑmpɑ]
barrette (f)	hiussolki	[hiussolki]
épingle (f) à cheveux	hiusneula	[hiusneulɑ]
boucle (f)	solki	[solki]

ceinture (f)	vyö	[ʋyø]
bandoulière (f)	hihna	[hihnɑ]

sac (m)	laukku	[lɑukku]
sac (m) à main	käsilaukku	[kæsilɑukku]
sac (m) à dos	reppu	[reppu]

38. Les vêtements. Divers

mode (f)	muoti	[muoti]
à la mode (adj)	muodikas	[muodikɑs]
couturier,	mallisuunnittelija	[mɑlli suːɲittelijɑ]
créateur de mode		

col (m)	kaulus	[kaulus]
poche (f)	tasku	[tasku]
de poche (adj)	tasku-	[tasku]
manche (f)	hiha	[hiha]
bride (f)	silmukka	[silmukka]
braguette (f)	halkio	[halkio]

fermeture (f) à glissière	vetoketju	[ʋetoketʲju]
agrafe (f)	kiinnitin	[kiːiɳitin]
bouton (m)	nappi	[nappi]
boutonnière (f)	napinläpi	[napinʎæpi]
s'arracher (bouton)	irtautua	[irtautua]

coudre (vi, vt)	ommella	[ommella]
broder (vt)	kirjoa	[kirʰøa]
broderie (f)	kirjonta	[kirʰønta]
aiguille (f)	neula	[neula]
fil (m)	lanka	[laŋka]
couture (f)	sauma	[sauma]

se salir (vp)	tahraantua	[tahraːntua]
tache (f)	tahra	[tahra]
se froisser (vp)	rypistyä	[rypistyæ]
déchirer (vt)	repiä	[repiæ]
mite (f)	koi	[koj]

39. L'hygiène corporelle. Les cosmétiques

dentifrice (m)	hammastahna	[hammas tahna]
brosse (f) à dents	hammasharja	[hammas harʲja]
se brosser les dents	harjata hampaita	[harʲjata hampajta]

rasoir (m)	partaveitsi	[partaʋejtsi]
crème (f) à raser	partavaahdoke	[partaʋaːhdoke]
se raser (vp)	ajaa partansa	[aja: partansa]

| savon (m) | saippua | [sajppua] |
| shampooing (m) | sampoo | [sampo:] |

ciseaux (m pl)	sakset	[sakset]
lime (f) à ongles	kynsiviila	[kynsiʋiːila]
pinces (f pl) à ongles	kynsileikkuri	[kynsilejkkuri]
pince (f) à épiler	pinsetit	[pinsetit]

produits (m pl) de beauté	meikki	[mejkki]
masque (m) de beauté	naamio	[naːmio]
manucure (f)	kynsienhoito	[kynsienhojto]
se faire les ongles	hoitaa kynsiä	[hojta: kynsiæ]
pédicurie (f)	jalkojenhoito	[jalkojenhojto]
trousse (f) de toilette	meikkipussi	[mejkkipussi]

poudre (f)	**puuteri**	[pu:teri]
poudrier (m)	**puuterirasia**	[pu:terirɑsiɑ]
fard (m) à joues	**poskipuna**	[poskipunɑ]
parfum (m)	**parfyymi**	[pɑrfy:mi]
eau (f) de toilette	**hajuvesi**	[hɑjuʋesi]
lotion (f)	**kasvovesi**	[kɑsʋoʋesi]
eau de Cologne (f)	**kölninvesi**	[køluinʋesi]
fard (m) à paupières	**luomiväri**	[luomiʋæri]
crayon (m) à paupières	**rajauskynä**	[rɑjɑuskyɲæ]
mascara (m)	**ripsiväri**	[ripsiʋæri]
rouge (m) à lèvres	**huulipuna**	[hu:lipunɑ]
vernis (m) à ongles	**kynsilakka**	[kynsilɑkkɑ]
laque (f) pour les cheveux	**hiuslakka**	[hiuslɑkkɑ]
déodorant (m)	**deodorantti**	[deodorɑntti]
crème (f)	**voide**	[ʋojde]
crème (f) pour le visage	**kasvovoide**	[kɑsʋoʋojde]
crème (f) pour les mains	**käsivoide**	[kæsiʋojde]
crème (f) anti-rides	**ryppyvoide**	[ryppyʋojde]
de jour (adj)	**päivä-**	[pæjʋæ]
de nuit (adj)	**yöllinen**	[yøllinen]
tampon (m)	**tamponi**	[tɑmponi]
papier (m) de toilette	**vessapaperi**	[ʋessɑpɑperi]
sèche-cheveux (m)	**hiustenkuivain**	[hiusten kujuɑjn]

40. Les montres. Les horloges

montre (f)	**rannekello**	[rɑɲekello]
cadran (m)	**numerotaulu**	[numerotɑulu]
aiguille (f)	**osoitin**	[osojtin]
bracelet (m)	**rannerengas**	[rɑɲereɲɑs]
bracelet (m) (en cuir)	**hihna**	[hihnɑ]
pile (f)	**paristo**	[pɑristo]
être déchargé	**olla kulunut loppuun**	[ollɑ kulunut loppu:n]
changer de pile	**vaihtaa paristo**	[ʋɑjhtɑ: pɑristo]
avancer (vi)	**edistää**	[edistæ:]
retarder (vi)	**jätättää**	[ætættæ:]
pendule (f)	**seinäkello**	[sejɲækello]
sablier (m)	**tiimalasi**	[ti:imɑlɑsi]
cadran (m) solaire	**aurinkokello**	[ɑuriɲko kello]
réveil (m)	**herätyskello**	[herætys kello]
horloger (m)	**kelloseppä**	[kelloseppæ]
réparer (vt)	**korjata**	[korʰjɑtɑ]

T&P BOOKS

L'EXPÉRIENCE QUOTIDIENNE

41. L'argent
42. La poste. Les services postaux
43. Les opérations bancaires
44. Le téléphone. La conversation
    téléphonique
45. Le téléphone portable
46. La papeterie
47. Les langues étrangères

T&P Books Publishing

argent (m)	rahat	[rahat]
échange (m)	vaihto	[ʋajhto]
cours (m) de change	kurssi	[kurssi]
distributeur (m)	pankkiautomaatti	[paŋkki automaːtti]
monnaie (f)	kolikko	[kolikko]

| dollar (m) | dollari | [dollari] |
| euro (m) | euro | [euro] |

lire (f)	liira	[liːira]
mark (m) allemand	markka	[markka]
franc (m)	frangi	[fraŋi]
livre sterling (f)	punta	[punta]
yen (m)	jeni	[jeni]

dette (f)	velka	[ʋelka]
débiteur (m)	velallinen	[ʋelallinen]
prêter (vt)	lainata jollekulle	[lajnata ølekulle]
emprunter (vt)	lainata joltakulta	[lajnata øltakulta]

banque (f)	pankki	[paŋkki]
compte (m)	tili	[tili]
verser dans le compte	tallettaa rahaa tilille	[talletta: raha: tilille]
retirer du compte	nostaa rahaa tililtä	[nosta: raha: tililta]

carte (f) de crédit	luottokortti	[luotto kortti]
espèces (f pl)	käteinen	[kætejnen]
chèque (m)	kuitti	[kujtti]
faire un chèque	kirjoittaa shekki	[kirʰojtta: ʃekki]
chéquier (m)	sekkivihko	[seːkkiʋihko]

portefeuille (m)	lompakko	[lompakko]
bourse (f)	kukkaro	[kukkaro]
porte-monnaie (m)	kukkaro	[kukkaro]
coffre fort (m)	kassakaappi	[kassaka:ppi]

héritier (m)	perillinen	[perillinen]
héritage (m)	perintö	[perintø]
fortune (f)	omaisuus	[omajsu:s]

location (f)	vuokraus	[ʋuokraus]
loyer (m) (argent)	asuntovuokra	[asuntoʋuokra]
louer (prendre en location)	vuokrata	[ʋuokrata]
prix (m)	hinta	[hinta]

| coût (m) | hinta | [hinta] |
| somme (f) | summa | [summa] |

dépenser (vt)	kuluttaa	[kulutta:]
dépenses (f pl)	kulut	[kulut]
économiser (vt)	säästää	[sæ:stæ:]
économe (adj)	säästäväinen	[sæ:stæuæjnen]

payer (régler)	maksaa	[maksa:]
paiement (m)	maksu	[maksu]
monnaie (f) (rendre la ~)	vaihtoraha	[uajhtoraha]

impôt (m)	vero	[uero]
amende (f)	sakko	[sakko]
mettre une amende	sakottaa	[sakotta:]

42. La poste. Les services postaux

poste (f)	posti	[posti]
courrier (m) (lettres, etc.)	posti	[posti]
facteur (m)	postikantaja	[postiŋkantajæ]
heures (f pl) d'ouverture	virka-aika	[uirka ajka]

lettre (f)	kirje	[kirʰje]
recommandé (m)	kirjattu kirje	[kirʰjattu kirʰje]
carte (f) postale	postikortti	[posti kortti]
télégramme (m)	sähke	[sæhke]
colis (m)	paketti	[paketti]
mandat (m) postal	rahalähetys	[raha ʎæhetys]

recevoir (vt)	saada	[sa:da]
envoyer (vt)	lähettää	[ʎæhettæ:]
envoi (m)	kirjeen lähetys	[kirʰje:n ʎæhetys]
adresse (f)	osoite	[osojte]
code (m) postal	postinumero	[postinumero]
expéditeur (m)	lähettäjä	[ʎæhettæjæ]
destinataire (m)	saaja	[sa:ja]

| prénom (m) | nimi | [nimi] |
| nom (m) de famille | sukunimi | [sukunimi] |

tarif (m)	tariffi	[tariffi]
normal (adj)	tavallinen	[tauallinen]
économique (adj)	edullinen	[edullinen]

poids (m)	paino	[pajno]
peser (~ les lettres)	punnita	[puŋita]
enveloppe (f)	kirjekuori	[kirʰjekuori]
timbre (m)	postimerkki	[postimerkki]
timbrer (vt)	liimata postimerkki	[li:imata postimerkki]

43. Les opérations bancaires

banque (f)	pankki	[paŋkki]
agence (f) bancaire	osasto	[osasto]
conseiller (m)	neuvoja	[neuʋoja]
gérant (m)	johtaja	[øhtaja]
compte (m)	tili	[tili]
numéro (m) du compte	tilinumero	[tili numero]
compte (m) courant	käyttötili	[kæyttø tili]
compte (m) sur livret	säästötili	[sæːstø tili]
ouvrir un compte	avata tili	[aʋata tili]
clôturer le compte	kuolettaa tili	[kuoletta: tili]
verser dans le compte	panna tilille	[paŋa tilille]
retirer du compte	nostaa rahat tililtä	[nosta: rahat tililta]
dépôt (m)	talletus	[talletus]
faire un dépôt	tallettaa	[talletta:]
virement (m) bancaire	siirto	[si:irto]
faire un transfert	siirtää	[si:irtæ:]
somme (f)	summa	[summa]
Combien?	paljonko	[palʰøŋko]
signature (f)	allekirjoitus	[allekirʰøjtus]
signer (vt)	allekirjoittaa	[allekirʰojtta:]
carte (f) de crédit	luottokortti	[luotto kortti]
code (m)	koodi	[ko:di]
numéro (m) de carte de crédit	luottokortin numero	[luotto kortin numero]
distributeur (m)	pankkiautomaatti	[paŋkki automa:tti]
chèque (m)	kuitti	[kujtti]
faire un chèque	kirjoittaa shekki	[kirʰojtta: ʃekki]
chéquier (m)	sekkivihko	[se:kkiʋihko]
crédit (m)	luotto	[luotto]
demander un crédit	hakea luottoa	[hakea luottoa]
prendre un crédit	saada luotto	[sa:da luotto]
accorder un crédit	antaa luottoa	[anta: luottoa]
gage (m)	takuu	[taku:]

44. Le téléphone. La conversation téléphonique

téléphone (m)	puhelin	[puhelin]
portable (m)	matkapuhelin	[matka puhelin]

répondeur (m)	puhelinvastaaja	[puhelin ʋastaːja]
téléphoner, appeler	soittaa	[sojttaː]
appel (m)	soitto	[sojtto]

composer le numéro	valita numero	[ʋalita numero]
Allô!	Hei!	[hej]
demander (~ l'heure)	kysyä	[kysyæ]
répondre (vi, vt)	vastata	[ʋastata]

entendre (bruit, etc.)	kuulla	[kuːlla]
bien (adv)	hyvin	[hyʋin]
mal (adv)	huonosti	[huonosti]
bruits (m pl)	häiriöt	[hæjriøt]

récepteur (m)	kuuloke	[kuːloke]
décrocher (vt)	nostaa luuri	[nosta: luːri]
raccrocher (vi)	laskea luuri	[laskea luːri]

occupé (adj)	varattu	[ʋarattu]
sonner (vi)	soittaa	[sojttaː]
carnet (m) de téléphone	puhelinluettelo	[puhelin luettelo]

local (adj)	paikallinen	[pajkallinen]
interurbain (adj)	kauko-	[kauko]
international (adj)	kansainvälinen	[kansajnʋælinen]

45. Le téléphone portable

portable (m)	matkapuhelin	[matka puhelin]
écran (m)	näyttö	[næyttø]
bouton (m)	nappula	[nappula]
carte SIM (f)	SIM-kortti	[sim kortti]

pile (f)	paristo	[paristo]
être déchargé	olla tyhjä	[olla tyːhʲa]
chargeur (m)	laturi	[laturi]

menu (m)	valikko	[ʋalikko]
réglages (m pl)	asetukset	[asetukset]
mélodie (f)	melodia	[melodia]
sélectionner (vt)	valita	[ʋalita]

| calculatrice (f) | laskin | [laskin] |
| répondeur (m) | puhelinvastaaja | [puhelin ʋastaːja] |

| réveil (m) | herätyskello | [herætys kello] |
| contacts (m pl) | puhelinluettelo | [puhelin luettelo] |

| SMS (m) | SMS-viesti | [esemes ʋiesti] |
| abonné (m) | tilaaja | [tilaːja] |

46. La papeterie

stylo (m) à bille	täytekynä	[tæytekyɲæ]
stylo (m) à plume	sulkakynä	[sulkɑkyɲæ]
crayon (m)	lyijykynä	[ly:kyɲæ]
marqueur (m)	korostuskynä	[korostuskyɲæ]
feutre (m)	huopakynä	[huopɑkyɲæ]
bloc-notes (m)	lehtiö	[lehtiø]
agenda (m)	päivyri	[pæjuyri]
règle (f)	viivoitin	[ui:iuojtin]
calculatrice (f)	laskin	[lɑskin]
gomme (f)	kumi	[kumi]
punaise (f)	nasta	[nɑstɑ]
trombone (m)	paperiliitin	[pɑperi li:itin]
colle (f)	liima	[li:imɑ]
agrafeuse (f)	nitoja	[nitojɑ]
perforateur (m)	rei'itin	[rejɪtin]
taille-crayon (m)	teroitin	[terojtin]

47. Les langues étrangères

langue (f)	kieli	[kieli]
langue (f) étrangère	vieras kieli	[uierɑs kieli]
étudier (vt)	opiskella	[opiskellɑ]
apprendre (~ l'arabe)	opetella	[opetellɑ]
lire (vi, vt)	lukea	[lukeɑ]
parler (vi, vt)	puhua	[puhuɑ]
comprendre (vt)	ymmärtää	[ymmærtæ:]
écrire (vt)	kirjoittaa	[kirⁿojttɑ:]
vite (adv)	nopeasti	[nopeɑsti]
lentement (adv)	hitaasti	[hitɑ:sti]
couramment (adv)	sujuvasti	[sujuuɑsti]
règles (f pl)	säännöt	[sæ:ɳøt]
grammaire (f)	kielioppi	[kielioppi]
vocabulaire (m)	sanasto	[sɑnɑsto]
phonétique (f)	äänneoppi	[æ:ɳeoppi]
manuel (m)	oppikirja	[oppikirⁿjɑ]
dictionnaire (m)	sanakirja	[sɑnɑkirⁿjɑ]
manuel (m) autodidacte	itseopiskeluopas	[itseopiskelu opɑs]
guide (m) de conversation	fraasisanakirja	[frɑ:si sɑnɑkirⁱɑ]
cassette (f)	kasetti	[kɑsetti]

cassette (f) vidéo	videokasetti	[ʋideokasetti]
CD (m)	CD-levy	[sede leʋy]
DVD (m)	DVD-levy	[deʋede leʋy]

alphabet (m)	aakkoset	[ɑːkkoset]
épeler (vt)	tavata	[tɑʋɑtɑ]
prononciation (f)	ääntäminen	[æːntæminen]

accent (m)	korostus	[korostus]
avec un accent	vieraasti korostaen	[ʋierɑːsti korostɑen]
sans accent	ilman korostusta	[ilmɑn korostustɑ]

| mot (m) | sana | [sɑnɑ] |
| sens (m) | merkitys | [merkitys] |

cours (m pl)	kurssit	[kurssit]
s'inscrire (vp)	ilmoittautua	[ilmojttɑutuɑ]
professeur (m) (~ d'anglais)	opettaja	[opettɑjɑ]

traduction (f) (action)	kääntäminen	[kæːntæminen]
traduction (f) (texte)	käännös	[kæːŋøs]
traducteur (m)	kääntäjä	[kæːntæjæ]
interprète (m)	tulkki	[tulkki]

| polyglotte (m) | monikielinen | [moni kielinen] |
| mémoire (f) | muisti | [mujsti] |

LES REPAS.
LE RESTAURANT

48. Le dressage de la table
49. Le restaurant
50. Les repas
51. Les plats cuisinés
52. Les aliments
53. Les boissons
54. Les légumes
55. Les fruits. Les noix
56. Le pain. Les confiseries
57. Les épices

T&P Books Publishing

48. Le dressage de la table

cuillère (f)	lusikka	[lusikka]
couteau (m)	veitsi	[ʋejtsi]
fourchette (f)	haarukka	[haːrukka]
tasse (f)	kuppi	[kuppi]
assiette (f)	lautanen	[lautanen]
soucoupe (f)	teevati	[teːʋati]
serviette (f)	lautasliina	[lautasliːina]
cure-dent (m)	hammastikku	[hammas tikku]

49. Le restaurant

restaurant (m)	ravintola	[raʋintola]
salon (m) de café	kahvila	[kahʋila]
bar (m)	baari	[baːri]
salon (m) de thé	teehuone	[teː huone]
serveur (m)	tarjoilija	[tarʰøjlija]
serveuse (f)	tarjoilijatar	[tarʰøjlijatar]
barman (m)	baarimestari	[baːrimestari]
carte (f)	ruokalista	[ruoka lista]
carte (f) des vins	viinilista	[ʋiːini lista]
réserver une table	varata pöytä	[ʋarata pøytæ]
plat (m)	ruoka	[ruoka]
commander (vt)	tilata	[tilata]
faire la commande	tilata	[tilata]
apéritif (m)	aperitiivi	[aperitiːʋi]
hors-d'œuvre (m)	alkupalat	[alkupalat]
dessert (m)	jälkiruoka	[jælkiruoka]
addition (f)	lasku	[lasku]
régler l'addition	maksaa lasku	[maksa: lasku]
rendre la monnaie	antaa rahasta takaisin	[anta: rahasta takajsin]
pourboire (m)	juomaraha	[juomaraha]

50. Les repas

nourriture (f)	ruoka	[ruoka]
manger (vi, vt)	syödä	[syødæ]

petit déjeuner (m)	aamiainen	[ɑ:miɑjnen]
prendre le petit déjeuner	syödä aamiaista	[syødæ ɑ:miɑjstɑ]
déjeuner (m)	päivällinen	[pæjʋællinen]
déjeuner (vi)	syödä päivällistä	[syødæ pæjʋællistæ]
dîner (m)	illallinen	[illɑllinen]
dîner (vi)	illastaa	[illɑstɑ:]

| appétit (m) | ruokahalu | [ruokɑhɑlu] |
| Bon appétit! | Hyvää ruokahalua! | [hyʋæ: ruokɑhɑluɑ] |

ouvrir (vt)	avata	[ɑʋɑtɑ]
renverser (liquide)	kaataa	[kɑ:tɑ:]
se renverser (liquide)	kaatua	[kɑ:tuɑ]

bouillir (vi)	kiehua	[kiehuɑ]
faire bouillir	keittää	[kejttæ:]
bouilli (l'eau ~e)	keitetty	[kejtetty]
refroidir (vt)	jäähdyttää	[jæ:hdyttæ:]
se refroidir (vp)	jäähtyä	[jæ:htyæ]

| goût (m) | maku | [mɑku] |
| arrière-goût (m) | sivumaku | [siʋumɑku] |

suivre un régime	olla dieetillä	[ollɑ die:tiʌæ]
régime (m)	dieetti	[die:ti]
vitamine (f)	vitamiini	[ʋitami:ini]
calorie (f)	kalori	[kɑlori]
végétarien (m)	kasvissyöjä	[kɑsʋissyøjæ]
végétarien (adj)	kasvis-	[kɑsʋis]

lipides (m pl)	rasvat	[rɑsʋɑt]
protéines (f pl)	valkuaisaineet	[ʋɑlku ɑjsɑjne:t]
glucides (m pl)	hiilihydraatit	[hi:ili hydrɑ:tit]
tranche (f)	viipale	[ʋi:ipɑle]
morceau (m)	pala	[pɑlɑ]
miette (f)	muru	[muru]

51. Les plats cuisinés

plat (m)	ruoka	[ruokɑ]
cuisine (f)	keittiö	[kejttiø]
recette (f)	resepti	[resepti]
portion (f)	annos	[ɑŋos]

| salade (f) | salaatti | [sɑlɑ:tti] |
| soupe (f) | keitto | [kejtto] |

bouillon (m)	liemi	[liemi]
sandwich (m)	voileipä	[ʋoj lejpæ]
les œufs brouillés	paistettu muna	[pɑjstettu munɑ]

boulette (f)	kotletti	[kotletti]
hamburger (m)	hampurilainen	[hampurilɑjnen]
steak (m)	pihvi	[pihʋi]
rôti (m)	paisti	[pɑjsti]

garniture (f)	lisäke	[lisæke]
spaghettis (m pl)	spagetti	[spɑgetti]
purée (f)	perunasose	[perunɑ sose]
pizza (f)	pizza	[pitsɑ]
bouillie (f)	puuro	[puːro]
omelette (f)	munakas	[munɑkɑs]

cuit à l'eau (adj)	keitetty	[kejtetty]
fumé (adj)	savustettu	[sɑʋustettu]
frit (adj)	paistettu	[pɑjstettu]
sec (adj)	kuivattu	[kujʋɑttu]
congelé (adj)	jäädytetty	[jæːdytetty]
mariné (adj)	marinoitu	[mɑrinojtu]

sucré (adj)	makea	[mɑkeɑ]
salé (adj)	suolainen	[suolɑjnen]
froid (adj)	kylmä	[kylmæ]
chaud (adj)	kuuma	[kuːmɑ]
amer (adj)	karvas	[kɑrʋɑs]
bon (savoureux)	maukas	[mɑukɑs]

cuire à l'eau	keittää	[kejttæː]
préparer (le dîner)	laittaa ruokaa	[lɑjttɑː ruokɑː]
faire frire	paistaa	[pɑjstɑː]
réchauffer (vt)	lämmittää	[ʎæmmittæː]

saler (vt)	suolata	[suolɑtɑ]
poivrer (vt)	pippuroida	[pippurojdɑ]
râper (vt)	raastaa	[rɑːstɑː]
peau (f)	kuori	[kuori]
éplucher (vt)	kuoria	[kuoriɑ]

52. Les aliments

viande (f)	liha	[lihɑ]
poulet (m)	kana	[kɑnɑ]
poulet (m) (poussin)	kananpoika	[kɑnɑn pojkɑ]
canard (m)	ankka	[ɑŋkkɑ]
oie (f)	hanhi	[hɑnhi]
gibier (m)	riista	[riːistɑ]
dinde (f)	kalkkuna	[kɑlkkunɑ]

du porc	sianliha	[siɑn lihɑ]
du veau	vasikanliha	[ʋɑsikɑn lihɑ]
du mouton	lampaanliha	[lɑmpɑːn lihɑ]

| du bœuf | naudanliha | [naudan liha] |
| lapin (m) | kaniini | [kani:ini] |

saucisson (m)	makkara	[makkara]
saucisse (f)	nakki	[nakki]
bacon (m)	pekoni	[pekoni]
jambon (m)	kinkku	[kiŋkku]
cuisse (f)	kinkku	[kiŋkku]

pâté (m)	tahna	[tahna]
foie (m)	maksa	[maksa]
lard (m)	silava	[silaʋa]
farce (f)	jauheliha	[jauheliha]
langue (f)	kieli	[kieli]

œuf (m)	muna	[muna]
les œufs	munat	[munat]
blanc (m) d'œuf	valkuainen	[ʋalkuajnen]
jaune (m) d'œuf	keltuainen	[keltuajnen]

poisson (m)	kala	[kala]
fruits (m pl) de mer	äyriäiset	[æuriæjset]
caviar (m)	kaviaari	[kaʋia:ri]

crabe (m)	kuningasrapu	[kuniŋasrapu]
crevette (f)	katkarapu	[katkarapu]
huître (f)	osteri	[osteri]
langoustine (f)	langusti	[laŋusti]
poulpe (m)	meritursas	[meritursas]
calamar (m)	kalmari	[kalmari]

esturgeon (m)	sampi	[sampi]
saumon (m)	lohi	[lohi]
flétan (m)	pallas	[pallas]

morue (f)	turska	[turska]
maquereau (m)	makrilli	[makrilli]
thon (m)	tonnikala	[toŋikala]
anguille (f)	ankerias	[aŋkerias]

truite (f)	lohi	[lohi]
sardine (f)	sardiini	[sardi:ini]
brochet (m)	hauki	[hauki]
hareng (m)	silli	[silli]

pain (m)	leipä	[lejpæ]
fromage (m)	juusto	[ju:sto]
sucre (m)	sokeri	[sokeri]
sel (m)	suola	[suola]

| riz (m) | riisi | [ri:isi] |
| pâtes (m pl) | makaronit | [makaronit] |

nouilles (f pl)	nuudeli	[nuːdeli]
beurre (m)	voi	[ʋoj]
huile (f) végétale	kasviöljy	[kasʋi ølʰy]
huile (f) de tournesol	auringonkukkaöljy	[auriŋon kukka ølʰy]
margarine (f)	margariini	[margariːini]

olives (f pl)	oliivit	[oliːiʋit]
huile (f) d'olive	oliiviöljy	[oliːiʋi ølʰy]

lait (m)	maito	[majto]
lait (m) condensé	maitotiiviste	[majto tiːiʋiste]
yogourt (m)	jogurtti	[øgurtti]
crème (f) aigre	hapankerma	[hapan kerma]
crème (f) (de lait)	kerma	[kerma]

sauce (f) mayonnaise	majoneesi	[maøneːsi]
crème (f) au beurre	kreemi	[kreːmi]

gruau (m)	suurimot	[suːrimot]
farine (f)	jauhot	[jauhot]
conserves (f pl)	säilykkeet	[sæjlykkeːt]

pétales (m pl) de maïs	maissimurot	[majssi murot]
miel (m)	hunaja	[hunaja]
confiture (f)	hillo	[hillo]
gomme (f) à mâcher	purukumi	[purukumi]

53. Les boissons

eau (f)	vesi	[ʋesi]
eau (f) potable	juomavesi	[juomaʋesi]
eau (f) minérale	kivennäisvesi	[kiʋeŋæjs ʋesi]

plate (adj)	ilman hiilihappoa	[ilman hiːili happoa]
gazeuse (l'eau ~)	hiilihappovettä	[hiːili happoʋetta]
pétillante (adj)	hiilihappoinen	[hiːili happojnen]
glace (f)	jää	[jæː]
avec de la glace	jään kanssa	[jæːn kanssa]

sans alcool	alkoholiton	[alkoholiton]
boisson (f) non alcoolisée	alkoholiton juoma	[alkoholiton juoma]
rafraîchissement (m)	virvoitusjuoma	[ʋirʋojtus juoma]
limonade (f)	limonaati	[limonaːti]

boissons (f pl) alcoolisées	alkoholijuomat	[alkoholi juomat]
vin (m)	viini	[ʋiːini]
vin (m) blanc	valkoviini	[ʋalko ʋiːini]
vin (m) rouge	punaviini	[puna ʋiːini]
liqueur (f)	likööri	[likøːri]
champagne (m)	samppanja	[samppanʰja]

vermouth (m)	vermutti	[ʋermutti]
whisky (m)	viski	[ʋiski]
vodka (f)	viina	[ʋiːina]
gin (m)	gini	[gini]
cognac (m)	konjakki	[konʰjakki]
rhum (m)	rommi	[rommi]

café (m)	kahvi	[kahʋi]
café (m) noir	musta kahvi	[musta kahʋi]
café (m) au lait	maitokahvi	[majto kahʋi]
cappuccino (m)	kahvi kerman kera	[kahʋi kerman kera]
café (m) soluble	murukahvi	[muru kahʋi]

lait (m)	maito	[majto]
cocktail (m)	cocktail	[koktejl]
cocktail (m) au lait	pirtelö	[pirtelø]

jus (m)	mehu	[mehu]
jus (m) de tomate	tomaattimehu	[tomaːtti mehu]
jus (m) d'orange	appelsiinimehu	[appelsiːini mehu]
jus (m) pressé	tuoremehu	[tuore mehu]

bière (f)	olut	[olut]
bière (f) blonde	vaalea olut	[ʋaːlea olut]
bière (f) brune	tumma olut	[tumma olut]

thé (m)	tee	[teː]
thé (m) noir	musta tee	[musta teː]
thé (m) vert	vihreä tee	[ʋihreæ teː]

54. Les légumes

| légumes (m pl) | vihannekset | [ʋihaŋekset] |
| verdure (f) | kasvikset | [kasʋikset] |

tomate (f)	tomaatti	[tomaːtti]
concombre (m)	kurkku	[kurkku]
carotte (f)	porkkana	[porkkana]
pomme (f) de terre	peruna	[peruna]
oignon (m)	sipuli	[sipuli]
ail (m)	valkosipuli	[ʋalko sipuli]

chou (m)	kaali	[kaːli]
chou-fleur (m)	kukkakaali	[kukkakaːli]
chou (m) de Bruxelles	brysselinkaali	[brysseliŋkaːli]
brocoli (m)	brokkolikaali	[brokkoli kaːli]

betterave (f)	punajuuri	[punajuːri]
aubergine (f)	munakoiso	[munakojso]
courgette (f)	kesäkurpitsa	[kesækurpitsa]

potiron (m)	kurpitsa	[kurpitsɑ]
navet (m)	nauris	[nɑuris]
persil (m)	persilja	[persilʰæ]
fenouil (m)	tilli	[tilli]
laitue (f) (salade)	salaatti	[sɑlɑ:tti]
céleri (m)	selleri	[selleri]
asperge (f)	parsa	[pɑrsɑ]
épinard (m)	pinaatti	[pinɑ:tti]
pois (m)	herne	[herne]
fèves (f pl)	pavut	[pɑʋut]
maïs (m)	maissi	[mɑjssi]
haricot (m)	pavut	[pɑʋut]
poivron (m)	paprika	[pɑprikɑ]
radis (m)	retiisi	[reti:isi]
artichaut (m)	artisokka	[ɑrtisokkɑ]

55. Les fruits. Les noix

fruit (m)	hedelmä	[hedelmæ]
pomme (f)	omena	[omenɑ]
poire (f)	päärynä	[pæ:ryɲæ]
citron (m)	sitruuna	[sitru:nɑ]
orange (f)	appelsiini	[ɑppelsi:ini]
fraise (f)	mansikka	[mɑnsikkɑ]
mandarine (f)	mandariini	[mɑndɑri:ini]
prune (f)	luumu	[lu:mu]
pêche (f)	persikka	[persikkɑ]
abricot (m)	aprikoosi	[ɑpriko:si]
framboise (f)	vadelma	[ʋɑdelmɑ]
ananas (m)	ananas	[ɑnɑnɑs]
banane (f)	banaani	[bɑnɑ:ni]
pastèque (f)	vesimeloni	[ʋesi meloni]
raisin (m)	viinirypäleet	[ʋi:inirypæle:t]
cerise (f)	hapankirsikka	[hɑpɑn kirsikkɑ]
merise (f)	linnunkirsikka	[liɲun kirsikkɑ]
melon (m)	meloni	[meloni]
pamplemousse (m)	greippi	[grejppi]
avocat (m)	avokado	[ɑʋokɑdo]
papaye (f)	papaija	[pɑpɑijɑ]
mangue (f)	mango	[mɑŋo]
grenade (f)	granaattiomena	[grɑnɑ:tti omenɑ]
groseille (f) rouge	punaherukka	[punɑherukkɑ]
cassis (m)	mustaherukka	[mustɑherukkɑ]

groseille (f) verte	karviaiset	[karʋiajset]
myrtille (f)	mustikka	[mustikka]
mûre (f)	vatukka	[ʋatukka]

raisin (m) sec	rusinat	[rusinat]
figue (f)	viikuna	[ʋi:ikuna]
datte (f)	taateli	[ta:teli]

cacahuète (f)	maapähkinä	[ma:pæhkiɲæ]
amande (f)	manteli	[manteli]
noix (f)	saksanpähkinä	[saksan pæhkiɲæ]
noisette (f)	hasselpähkinä	[hassel pæhkiɲæ]
noix (f) de coco	kookospähkinä	[ko:kos pæhkiɲæ]
pistaches (f pl)	pistaasi	[pista:si]

56. Le pain. Les confiseries

confiserie (f)	makeiset	[makejs et]
pain (m)	leipä	[lejpæ]
biscuit (m)	keksit	[keksit]

chocolat (m)	suklaa	[sukla:]
en chocolat (adj)	suklaa-	[sukla:]
bonbon (m)	karamelli	[karamelli]
gâteau (m), pâtisserie (f)	leivos	[lejʋos]
tarte (f)	kakku	[kakku]

| gâteau (m) | piirakka | [pi:irakka] |
| garniture (f) | täyte | [tæyte] |

confiture (f)	hillo	[hillo]
marmelade (f)	marmeladi	[marmeladi]
gaufre (f)	vohvelit	[ʋohʋelit]
glace (f)	jäätelö	[jæ:telø]

57. Les épices

sel (m)	suola	[suola]
salé (adj)	suolainen	[suolajnen]
saler (vt)	suolata	[suolata]

poivre (m) noir	musta pippuri	[musta pippuri]
poivre (m) rouge	kuuma pippuri	[ku:ma pippuri]
moutarde (f)	sinappi	[sinappi]
raifort (m)	piparjuuri	[piparʰju:ri]

| condiment (m) | höyste | [høyste] |
| épice (f) | mauste | [mauste] |

| sauce (f) | kastike | [kastike] |
| vinaigre (m) | etikka | [etikka] |

anis (m)	anis	[anis]
basilic (m)	basilika	[basilika]
clou (m) de girofle	neilikka	[nejlikka]
gingembre (m)	inkivääri	[iŋkiʋæːri]
coriandre (m)	korianteri	[korianteri]
cannelle (f)	kaneli	[kaneli]

sésame (m)	seesami	[seːsami]
feuille (f) de laurier	laakerinlehti	[laːkerin lehti]
paprika (m)	paprika	[paprika]
cumin (m)	kumina	[kumina]
safran (m)	sahrami	[sahrami]

T&P BOOKS

LES DONNÉES PERSONNELLES. LA FAMILLE

58. Les données personnelles. Les formulaires
59. La famille. Les liens de parenté
60. Les amis. Les collègues

T&P Books Publishing

prénom (m)	nimi	[nimi]
nom (m) de famille	sukunimi	[sukunimi]
date (f) de naissance	syntymäpäivä	[syntymæ pæjʋæ]
lieu (m) de naissance	syntymäpaikka	[syntymæ pɑjkkɑ]
nationalité (f)	kansallisuus	[kɑnsɑllisu:s]
domicile (m)	asuinpaikka	[ɑsujnpɑjkkɑ]
pays (m)	maa	[mɑ:]
profession (f)	ammatti	[ɑmmɑtti]
sexe (m)	sukupuoli	[sukupuoli]
taille (f)	pituus	[pitu:s]
poids (m)	paino	[pɑjno]

mère (f)	äiti	[æjti]
père (m)	isä	[isæ]
fils (m)	poika	[pojkɑ]
fille (f)	tytär	[tytær]
fille (f) cadette	nuorempi tytär	[nuorempi tytær]
fils (m) cadet	nuorempi poika	[nuorempi pojkɑ]
fille (f) aînée	vanhempi tytär	[ʋɑnhempi tytær]
fils (m) aîné	vanhempi poika	[ʋɑnhempi pojkɑ]
frère (m)	veli	[ʋeli]
sœur (f)	sisar	[sisɑr]
cousin (m)	serkku	[serkku]
cousine (f)	serkku	[serkku]
maman (f)	äiti	[æjti]
papa (m)	isä	[isæ]
parents (m pl)	vanhemmat	[ʋɑnhemmɑt]
enfant (m, f)	lapsi	[lɑpsi]
enfants (pl)	lapset	[lɑpset]
grand-mère (f)	isoäiti	[isoæjti]
grand-père (m)	isoisä	[isoisæ]
petit-fils (m)	lapsenlapsi	[lɑpsenlɑpsi]
petite-fille (f)	lapsenlapsi	[lɑpsenlɑpsi]
petits-enfants (pl)	lastenlapset	[lɑsten lɑpset]

oncle (m)	setä	[setæ]
tante (f)	täti	[tæti]
neveu (m)	veljenpoika	[ueʎæn pojka]
nièce (f)	sisarenpoika	[sisaren pojka]

belle-mère (f)	anoppi	[anoppi]
beau-père (m)	appi	[appi]
gendre (m)	vävy	[uæuy]
belle-mère (f)	äitipuoli	[æjtipuoli]
beau-père (m)	isäpuoli	[isæpuoli]

nourrisson (m)	rintalapsi	[rintalapsi]
bébé (m)	vauva	[uauua]
petit (m)	pienokainen	[pienokajnen]

femme (f)	vaimo	[uajmo]
mari (m)	mies	[mies]
époux (m)	aviomies	[auiomies]
épouse (f)	aviovaimo	[auiouajmo]

marié (adj)	naimisissa oleva	[najmisissa oleua]
mariée (adj)	naimisissa oleva	[najmisissa oleua]
célibataire (adj)	naimaton	[najmaton]
célibataire (m)	poikamies	[pojkamies]
divorcé (adj)	eronnut	[eroŋut]
veuve (f)	leski	[leski]
veuf (m)	leski	[leski]

parent (m)	sukulainen	[sukulajnen]
parent (m) proche	lähisukulainen	[ʎæhi sukulajnen]
parent (m) éloigné	kaukainen sukulainen	[kaukajnen sukulajnen]
parents (m pl)	omanlaiset	[omanlajset]

orphelin (m), orpheline (f)	orpo	[orpo]
tuteur (m)	holhooja	[holho:ja]
adopter (un garçon)	ottaa pojaksi	[otta: pojaksi]
adopter (une fille)	ottaa tyttäreksi	[otta: tyttæreksi]

60. Les amis. Les collègues

ami (m)	ystävä	[ystæuæ]
amie (f)	ystävätär	[ystæuætær]
amitié (f)	ystävyys	[ystæuy:s]
être ami	olla ystäviä keskenään	[olla ystæuiæ keskenæ:n]

copain (m)	kaveri	[kaueri]
copine (f)	kaveri	[kaueri]
partenaire (m)	partneri	[partneri]
chef (m)	esimies	[esimies]
supérieur (m)	päällikkö	[pæ:likkø]

subordonné (m)	**alainen**	[alɑjnen]
collègue (m, f)	**virkatoveri**	[ʋirkɑ toʋeri]
connaissance (f)	**tuttava**	[tuttɑʋɑ]
compagnon (m) de route	**matkakumppani**	[mɑtkɑ kumppɑni]
copain (m) de classe	**luokkatoveri**	[luokkɑ toʋeri]
voisin (m)	**naapuri**	[nɑːpuri]
voisine (f)	**naapuri**	[nɑːpuri]
voisins (m pl)	**naapurit**	[nɑːpurit]

LE CORPS HUMAIN.
LES MÉDICAMENTS

61. La tête
62. Le corps humain
63. Les maladies
64. Les symptômes. Le traitement. Partie 1
65. Les symptômes. Le traitement. Partie 2
66. Les symptômes. Le traitement. Partie 3
67. Les médicaments. Les accessoires

T&P Books Publishing

tête (f)	pää	[pæ:]
visage (m)	kasvot	[kasʋot]
nez (m)	nenä	[neɲæ]
bouche (f)	suu	[su:]

œil (m)	silmä	[silmæ]
les yeux	silmät	[silmæt]
pupille (f)	silmäterä	[silmæteræ]
sourcil (m)	kulmakarva	[kulmakarʋa]
cil (m)	ripsi	[ripsi]
paupière (f)	silmäluomi	[silmæluomi]

langue (f)	kieli	[kieli]
dent (f)	hammas	[hammɑs]
lèvres (f pl)	huulet	[hu:let]
pommettes (f pl)	poskipäät	[poski:pæ:t]
gencive (f)	ien	[ien]
palais (m)	kitalaki	[kitɑlɑki]

narines (f pl)	sieraimet	[sierɑjmet]
menton (m)	leuka	[leukɑ]
mâchoire (f)	leukaluu	[leukɑlu:]
joue (f)	poski	[poski]

front (m)	otsa	[otsɑ]
tempe (f)	ohimo	[ohimo]
oreille (f)	korva	[korʋɑ]
nuque (f)	niska	[niskɑ]
cou (m)	kaula	[kɑulɑ]
gorge (f)	kurkku	[kurkku]

cheveux (m pl)	hiukset	[hiukset]
coiffure (f)	kampaus	[kɑmpɑus]
coupe (f)	kampaus	[kɑmpɑus]
perruque (f)	tekotukka	[teko tukkɑ]

moustache (f)	viikset	[ʋi:ikset]
barbe (f)	parta	[pɑrtɑ]
porter (~ la barbe)	hänellä on parta	[hæneʎæ on pɑrtɑ]
tresse (f)	letti	[letti]
favoris (m pl)	poskiparta	[poskipɑrtɑ]

roux (adj)	punatukkainen	[punɑ tukkɑjnen]
gris, grisonnant (adj)	harmaatukkainen	[hɑrmɑ:tukkɑjnen]

| chauve (adj) | kaljupäinen | [kalʰjupæjnen] |
| calvitie (f) | kalju | [kalʰju] |

| queue (f) de cheval | poninhäntä | [poninhæntæ] |
| frange (f) | otsatukka | [otsatukka] |

62. Le corps humain

| main (f) | käsi | [kæsi] |
| bras (m) | käsivarsi | [kæsiʋɑrssi] |

| orteil (m) | varvas | [ʋɑrʋɑs] |
| pouce (m) | peukalo | [peukɑlo] |

| petit doigt (m) | pikkusormi | [pikkusormi] |
| ongle (m) | kynsi | [kynsi] |

poing (m)	nyrkki	[nyrkki]
paume (f)	kämmen	[kæmmen]
poignet (m)	ranne	[rɑŋe]
avant-bras (m)	kyynärvarsi	[ky:ɲærʋɑrsi]

| coude (m) | kyynärpää | [ky:ɲærpæ:] |
| épaule (f) | hartia | [hɑrtiɑ] |

jambe (f)	jalka	[jɑlkɑ]
pied (m)	jalkaterä	[jɑlkɑteræ]
genou (m)	polvi	[polʋi]
mollet (m)	pohje	[pohʰje]

| hanche (f) | reisi | [rejsi] |
| talon (m) | kantapää | [kɑntɑpæ:] |

corps (m)	vartalo	[ʋɑrtɑlo]
ventre (m)	maha	[mɑhɑ]
poitrine (f)	rinta	[rintɑ]
sein (m)	povi	[poʋi]
côté (m)	kylki	[kylki]
dos (m)	selkä	[selkæ]

| reins (région lombaire) | ristiselkä | [ristiselkæ] |
| taille (f) (~ de guêpe) | vyötärö | [ʋyøtærø] |

nombril (m)	napa	[nɑpɑ]
fesses (f pl)	pakarat	[pɑkɑrɑt]
derrière (m)	takapuoli	[tɑkɑpuoli]

grain (m) de beauté	luomi	[luomi]
tatouage (m)	tatuointi	[tɑtuojnti]
cicatrice (f)	arpi	[ɑrpi]

63. Les maladies

maladie (f)	sairaus	[sɑjrɑus]
être malade	sairastaa	[sɑjrɑstɑ:]
santé (f)	terveys	[terʋeys]

rhume (m) (coryza)	nuha	[nuhɑ]
angine (f)	angiina	[ɑŋi:inɑ]
refroidissement (m)	vilustus	[ʋilustus]
prendre froid	vilustua	[ʋilustuɑ]

bronchite (f)	keuhkokatarri	[keuhko kɑtɑrri]
pneumonie (f)	keuhkotulehdus	[keuhko tulehdus]
grippe (f)	influenssa	[influenssɑ]

myope (adj)	likinäköinen	[likiɲækøjnen]
presbyte (adj)	pitkänäköinen	[pitkæɲækøjnen]
strabisme (m)	kierosilmäisyys	[kiero silmæjsy:s]
strabique (adj)	kiero	[kiero]
cataracte (f)	harmaakaihi	[hɑrmɑ:kɑjhi]
glaucome (m)	silmänpainetauti	[silmæn pɑjne tɑuti]

insulte (f)	insultti	[insultti]
crise (f) cardiaque	infarkti	[infɑrkti]
infarctus (m) de myocarde	sydäninfarkti	[sydæn infɑrkti]
paralysie (f)	halvaus	[hɑlʋɑus]
paralyser (vt)	halvauttaa	[hɑlʋɑuttɑ:]

allergie (f)	allergia	[ɑllergi:ɑ]
asthme (m)	astma	[ɑstmɑ]
diabète (m)	sokeritauti	[sokeritɑuti]

| mal (m) de dents | hammassärky | [hɑmmɑs særky] |
| carie (f) | hammasmätä | [hɑmmɑs mætæ] |

diarrhée (f)	ripuli	[ripuli]
constipation (f)	ummetus	[ummetus]
estomac (m) barbouillé	vatsavaiva	[ʋɑtsɑʋɑjʋɑ]
intoxication (f) alimentaire	myrkytys	[myrkytys]
être intoxiqué	saada myrkytys	[sɑ:dɑ myrkytys]

arthrite (f)	niveltulehdus	[niʋeltulehdus]
rachitisme (m)	riisitauti	[ri:isitɑti]
rhumatisme (m)	reuma	[reumɑ]
athérosclérose (f)	aeroskleroosi	[ɑterosklero:si]

gastrite (f)	mahakatarri	[mɑhɑkɑtɑrri]
appendicite (f)	umpilisäketulehdus	[umpilisæke tulehdus]
cholécystite (f)	sappirakon tulehdus	[sɑppirɑkon tulehdus]
ulcère (m)	haava	[hɑ:ʋɑ]
rougeole (f)	tuhkarokko	[tuhkɑrokko]

rubéole (f)	vihurirokko	[ʋihurirokko]
jaunisse (f)	keltatauti	[keltɑtɑuti]
hépatite (f)	hepatiitti	[hepɑti:itti]
schizophrénie (f)	jakomielisyys	[jɑkomielisy:s]
rage (f) (hydrophobie)	raivotauti	[rɑjʋotɑuti]
névrose (f)	neuroosi	[neuro:si]
commotion (f) cérébrale	aivotärähdys	[ɑjʋotæræhdys]
cancer (m)	syöpä	[syøpæ]
sclérose (f)	skleroosi	[sklero:si]
sclérose (f) en plaques	hajaskleroosi	[hɑjɑsklero:si]
alcoolisme (m)	alkoholismi	[ɑlkoholismi]
alcoolique (m)	alkoholisti	[ɑlkoholisti]
syphilis (f)	kuppa	[kuppɑ]
SIDA (m)	AIDS	[ɑjds]
tumeur (f)	kasvain	[kɑsʋɑjn]
maligne (adj)	pahanlaatuinen	[pɑhɑn lɑ:jtunen]
bénigne (adj)	hyvänlaatuinen	[hyʋænlɑ:tunen]
fièvre (f)	kuume	[ku:me]
malaria (f)	malaria	[mɑlɑriɑ]
gangrène (f)	kuolio	[kuolio]
mal (m) de mer	merisairaus	[merisɑjrɑus]
épilepsie (f)	epilepsia	[epilepsiɑ]
épidémie (f)	epidemia	[epidemiɑ]
typhus (m)	lavantauti	[lɑʋɑntɑuti]
tuberculose (f)	tuberkuloosi	[tuberkulo:si]
choléra (m)	kolera	[kolerɑ]
peste (f)	rutto	[rutto]

64. Les symptômes. Le traitement. Partie 1

symptôme (m)	oire	[ojre]
température (f)	kuume	[ku:me]
fièvre (f)	korkea kuume	[korkeɑ ku:me]
pouls (m)	syke	[syke]
vertige (m)	pyörrytys	[pyørrytys]
chaud (adj)	kuuma	[ku:mɑ]
frisson (m)	vilunväristys	[ʋilun ʋæristys]
pâle (adj)	kalpea	[kɑlpeɑ]
toux (f)	yskä	[yskæ]
tousser (vi)	yskiä	[yskiæ]
éternuer (vi)	aivastella	[ɑjʋɑstellɑ]
évanouissement (m)	pyörtyminen	[pyørtyminen]

153

s'évanouir (vp)	pyörtyä	[pyørtyæ]
bleu (m)	mustelma	[mustelma]
bosse (f)	kuhmu	[kuhmu]
se heurter (vp)	törmätä	[tørmætæ]
meurtrissure (f)	vamma	[ʋamma]
se faire mal	loukkaantua	[loukkaːntua]

boiter (vi)	ontua	[ontua]
foulure (f)	niukahdus	[niukahdus]
se démettre (l'épaule, etc.)	niukahtaa	[niukahtaː]
fracture (f)	murtuma	[murtuma]
avoir une fracture	saada murtuma	[saːda murtuma]

coupure (f)	leikkaushaava	[lejkkaus haːʋa]
se couper (~ le doigt)	saada haava	[saːda haːʋa
	leikkaamalla	lejkkaːmalla]
hémorragie (f)	verenvuoto	[ʋerenʋuoto]

| brûlure (f) | palohaava | [paloha:ʋa] |
| se brûler (vp) | polttaa itse | [polttaː itse] |

se piquer (le doigt)	pistää	[pistæː]
se piquer (vp)	pistää itseä	[pistæː itseæ]
blesser (vt)	vahingoittaa	[ʋahiŋojttaː]
blessure (f)	vaurio	[ʋaurio]
plaie (f) (blessure)	haava	[haːʋa]
trauma (m)	vamma	[ʋamma]

délirer (vi)	hourailla	[hourajlla]
bégayer (vi)	änkyttää	[æŋkyttæː]
insolation (f)	auringonpistos	[auriŋon pistos]

65. Les symptômes. Le traitement. Partie 2

| douleur (f) | kipu | [kipu] |
| écharde (f) | tikku | [tikku] |

sueur (f)	hiki	[hiki]
suer (vi)	hikoilla	[hikojlla]
vomissement (m)	oksennus	[okseŋus]
spasmes (m pl)	kouristukset	[kouristukset]

enceinte (adj)	raskaana oleva	[raska:na oleʋa]
naître (vi)	syntyä	[syntyæ]
accouchement (m)	synnytys	[syŋytys]
accoucher (vi)	synnyttää	[syŋyttæː]
avortement (m)	raskaudenkeskeytys	[raskauden keskeytys]

| respiration (f) | hengitys | [heŋitys] |
| inhalation (f) | sisäänhengitys | [sisæːn heŋitys] |

expiration (f)	uloshengitys	[ulosheŋitys]
expirer (vi)	hengittää ulos	[heŋittæ: ulos]
inspirer (vi)	vetää henkeä	[ʋetæ: heŋkeæ]
invalide (m)	invalidi	[inʋalidi]
handicapé (m)	raajarikko	[ra:jarikko]
drogué (m)	narkomaani	[narkoma:ni]
sourd (adj)	kuuro	[ku:ro]
muet (adj)	mykkä	[mykkæ]
sourd-muet (adj)	kuuromykkä	[ku:ro mykkæ]
fou (adj)	mielenvikainen	[mielen ʋikajnen]
fou (m)	hullu	[hullu]
folle (f)	hullu	[hullu]
devenir fou	tulla hulluksi	[tulla hulluksi]
gène (m)	geeni	[ge:ni]
immunité (f)	immuniteetti	[immunite:tti]
héréditaire (adj)	perintö-	[perintø]
congénital (adj)	synnynnäinen	[syŋyŋæjnen]
virus (m)	virus	[ʋirus]
microbe (m)	mikrobi	[mikrobi]
bactérie (f)	bakteeri	[bakte:ri]
infection (f)	tartunta	[tartunta]

66. Les symptômes. Le traitement. Partie 3

hôpital (m)	sairaala	[sajra:la]
patient (m)	potilas	[potilas]
diagnostic (m)	diagnoosi	[diagno:si]
cure (f) (faire une ~)	lääkintä	[læ:kintæ]
traitement (m)	hoito	[hojto]
se faire soigner	saada hoitoa	[sa:da hojtoa]
traiter (un patient)	hoitaa	[hojta:]
soigner (un malade)	hoitaa	[hojta:]
soins (m pl)	hoito	[hojto]
opération (f)	leikkaus	[lejkkaus]
panser (vt)	sitoa	[sitoa]
pansement (m)	sidonta	[sidonta]
vaccination (f)	rokotus	[rokotus]
vacciner (vt)	rokottaa	[rokotta:]
piqûre (f)	pisto	[pisto]
faire une piqûre	tehdä pisto	[tehdæ pisto]
crise, attaque (f)	kohtaus	[kohtaus]
amputation (f)	amputaatio	[amputa:tio]

amputer (vt)	amputoida	[amputojda]
coma (m)	kooma	[koːma]
être dans le coma	olla koomassa	[olla koːmassa]
réanimation (f)	hoitokoti	[hojtokoti]

se rétablir (vp)	parantua	[parantua]
état (m) (de santé)	terveydentila	[terʋeyden tila]
conscience (f)	tajunta	[tajunta]
mémoire (f)	muisti	[mujsti]

arracher (une dent)	poistaa	[pojstaː]
plombage (m)	täyte	[tæyte]
plomber (vt)	paikata	[pajkata]

| hypnose (f) | hypnoosi | [hypnoːsi] |
| hypnotiser (vt) | hypnotisoida | [hypnotisojda] |

67. Les médicaments. Les accessoires

médicament (m)	lääke	[læːke]
remède (m)	lääke	[læːke]
ordonnance (f)	resepti	[resepti]

comprimé (m)	tabletti	[tabletti]
onguent (m)	voide	[ʋojde]
ampoule (f)	ampulli	[ampulli]
mixture (f)	mikstuura	[mikstuːra]
sirop (m)	siirappi	[siːirappi]
pilule (f)	pilleri	[pilleri]
poudre (f)	jauhe	[jauhe]

bande (f)	side	[side]
coton (m) (ouate)	vanu	[ʋanu]
iode (m)	jodi	[ødi]

sparadrap (m)	laastari	[laːstari]
compte-gouttes (m)	pipetti	[pipetti]
thermomètre (m)	kuumemittari	[kuːme mittari]
seringue (f)	ruisku	[rujsku]

| fauteuil (m) roulant | pyörätuoli | [pyøræ tuoli] |
| béquilles (f pl) | kainalosauvat | [kajnalo sauʋat] |

anesthésique (m)	puudutusaine	[puːdutus ajne]
purgatif (m)	ulostuslääke	[ulostuslæːke]
alcool (m)	sprii	[spriːi]
herbe (f) médicinale	yrtti	[yrtti]
d'herbes (adj)	yrtti-	[yrtti]

L'APPARTEMENT

68. L'appartement
69. Les meubles. L'intérieur
70. La literie
71. La cuisine
72. La salle de bains
73. Les appareils électroménagers

T&P Books Publishing

68. L'appartement

appartement (m)	**asunto**	[asunto]
chambre (f)	**huone**	[huone]
chambre (f) à coucher	**makuuhuone**	[maku: huone]
salle (f) à manger	**ruokailuhuone**	[ruokajlu huone]
salon (m)	**vierashuone**	[vieras huone]
bureau (m)	**työhuone**	[tyøhuone]
antichambre (f)	**eteinen**	[etejnen]
salle (f) de bains	**kylpyhuone**	[kylpyhuone]
toilettes (f pl)	**vessa**	[vessa]
plafond (m)	**katto**	[katto]
plancher (m)	**lattia**	[lattia]
coin (m)	**nurkka**	[nurkka]

69. Les meubles. L'intérieur

meubles (m pl)	**huonekalut**	[huonekalut]
table (f)	**pöytä**	[pøytæ]
chaise (f)	**tuoli**	[tuoli]
lit (m)	**sänky**	[sæŋky]
canapé (m)	**sohva**	[sohva]
fauteuil (m)	**nojatuoli**	[nojatuoli]
bibliothèque (f) (meuble)	**kaappi**	[ka:ppi]
rayon (m)	**hylly**	[hylly]
étagère (f)	**hyllykkö**	[hyllykkø]
armoire (f)	**vaatekaappi**	[va:te ka:ppi]
patère (f)	**ripustin**	[ripustin]
portemanteau (m)	**naulakko**	[naulakko]
commode (f)	**lipasto**	[lipasto]
table (f) basse	**sohvapöytä**	[sohvapøjtæ]
miroir (m)	**peili**	[pejli]
tapis (m)	**matto**	[matto]
petit tapis (m)	**pieni matto**	[pjeni matto]
cheminée (f)	**takka**	[takka]
bougie (f)	**kynttilä**	[kynttiʎæ]
chandelier (m)	**kynttilänjalka**	[kynttiʎænjalka]

rideaux (m pl)	kaihtimet	[kajhtimet]
papier (m) peint	tapetit	[tapetit]
jalousie (f)	rullaverhot	[rulle ʋerhot]

lampe (f) de table	pöytälamppu	[pøytæ lamppu]
applique (f)	seinävalaisin	[sejnɑ ʋalɑjsin]
lampadaire (m)	lattialamppu	[lattia lamppu]
lustre (m)	kattokruunu	[kattokru:nu]

pied (m) (~ de la table)	jalka	[jɑlkɑ]
accoudoir (m)	käsinoja	[kæsinojɑ]
dossier (m)	selkänoja	[selkænojɑ]
tiroir (m)	laatikko	[lɑ:tikko]

70. La literie

linge (m) de lit	vuodevaatteet	[ʋuodeʋɑ:tte:t]
oreiller (m)	tyyny	[ty:ny]
taie (f) d'oreiller	tyynyliina	[ty:ny li:inɑ]
couverture (f)	vuodepeite	[ʋuodepejte]
drap (m)	lakana	[lakɑnɑ]
couvre-lit (m)	peite	[pejte]

71. La cuisine

cuisine (f)	keittiö	[kejttiø]
gaz (m)	kaasu	[kɑ:su]
cuisinière (f) à gaz	kaasuliesi	[kɑ:su liesi]
cuisinière (f) électrique	sähköhella	[sæhkø hella]
four (m)	paistinuuni	[pɑjstinu:ni]
four (m) micro-ondes	mikroaaltouuni	[mikro ɑ:lto u:ni]

réfrigérateur (m)	jääkaappi	[jæ:kɑ:ppi]
congélateur (m)	pakastin	[pɑkɑstin]
lave-vaisselle (m)	astianpesukone	[ɑstianpesukone]

hachoir (m) à viande	lihamylly	[lihɑmylly]
centrifugeuse (f)	mehunpuristin	[mehun puristin]
grille-pain (m)	leivänpaahdin	[lejʋæn pɑ:hdin]
batteur (m)	sekoitin	[sekojtin]

machine (f) à café	kahvinkeitin	[kɑhʋiŋkejtin]
cafetière (f)	kahvipannu	[kɑhʋipɑŋu]
moulin (m) à café	kahvimylly	[kɑhʋimylly]

bouilloire (f)	teepannu	[te:pɑŋu]
théière (f)	teekannu	[te:kɑŋu]
couvercle (m)	kansi	[kɑnsi]

passoire (f) à thé	teesiivilä	[te:si:iʋiʎæ]
cuillère (f)	lusikka	[lusikka]
petite cuillère (f)	teelusikka	[te: lusikka]
cuillère (f) à soupe	ruokalusikka	[ruoka lusikka]
fourchette (f)	haarukka	[ha:rukka]
couteau (m)	veitsi	[ʋejtsi]
vaisselle (f)	astiat	[astiat]
assiette (f)	lautanen	[lautanen]
soucoupe (f)	teevati	[te:ʋati]
verre (m) à shot	pikari	[pikari]
verre (m) (~ d'eau)	lasi	[lasi]
tasse (f)	kuppi	[kuppi]
sucrier (m)	sokeriastia	[sokeriastia]
salière (f)	suola-astia	[suola astia]
poivrière (f)	pippuriastia	[pippuriastia]
beurrier (m)	voiastia	[ʋojastia]
casserole (f)	kasari	[kasari]
poêle (f)	pannu	[paŋu]
louche (f)	liemikauha	[liemikauha]
passoire (f)	lävikkö	[ʎæʋikkø]
plateau (m)	tarjotin	[tarʰøtin]
bouteille (f)	pullo	[pullo]
bocal (m) (à conserves)	lasitölkki	[lasitølkki]
boîte (f) en fer-blanc	peltitölkki	[peltitølkki]
ouvre-bouteille (m)	pullonavaaja	[pullonaʋa:jæ]
ouvre-boîte (m)	purkinavaaja	[purkinaʋa:jæ]
tire-bouchon (m)	korkkiruuvi	[korkkiru:ʋi]
filtre (m)	suodatin	[suodatin]
filtrer (vt)	suodattaa	[suodatta:]
ordures (f pl)	jätteet	[jætte:t]
poubelle (f)	roskasanko	[roskasaŋko]

72. La salle de bains

salle (f) de bains	kylpyhuone	[kylpyhuone]
eau (f)	vesi	[ʋesi]
robinet (m)	hana	[hana]
eau (f) chaude	kuuma vesi	[ku:ma ʋesi]
eau (f) froide	kylmä vesi	[kylmæ ʋesi]
dentifrice (m)	hammastahna	[hammas tahna]
se brosser les dents	harjata hampaita	[harʰjata hampajta]
se raser (vp)	ajaa parta	[aja: parta:]

mousse (f) à raser	partavaahdoke	[partaʋa:hdoke]
rasoir (m)	partaveitsi	[partaʋejtsi]
laver (vt)	pestä	[pestæ]
se laver (vp)	peseytyä	[peseytyæ]
douche (f)	suihku	[sujhku]
prendre une douche	käydä suihkussa	[kæydæ suihkussa]
baignoire (f)	amme	[amme]
cuvette (f)	vessanpönttö	[ʋessanpønttø]
lavabo (m)	pesuallas	[pesuallas]
savon (m)	saippua	[sajppua]
porte-savon (m)	saippuakotelo	[sajppua kotelo]
éponge (f)	pesusieni	[pesusieni]
shampooing (m)	sampoo	[sampo:]
serviette (f)	pyyhe	[py:he]
peignoir (m) de bain	froteinen aamutakki	[frotejnen a:mutakki]
lessive (f) (faire la ~)	pyykin pesu	[py:kin pesu]
machine (f) à laver	pesukone	[pesu kone]
faire la lessive	pestä pyykkiä	[pestæ py:kkiæ]
lessive (f) (poudre)	pesujauhe	[pesujauhe]

73. Les appareils électroménagers

téléviseur (m)	televisio	[teleʋisio]
magnétophone (m)	nauhuri	[nauhuri]
magnétoscope (m)	videonauhuri	[ʋideonauhuri]
radio (f)	vastaanotin	[ʋasta:notin]
lecteur (m)	korvalappustereot	[korʋalappustereot]
vidéoprojecteur (m)	videoheitin	[ʋideohejtin]
home cinéma (m)	kotiteatteri	[kotiteatteri]
lecteur DVD (m)	DVD-soitin	[deʋede sojtin]
amplificateur (m)	vahvistin	[ʋahʋistin]
console (f) de jeux	pelikonsoli	[pelikonsoli]
caméscope (m)	videokamera	[ʋideokamera]
appareil (m) photo	kamera	[kamera]
appareil (m) photo numérique	digitaalikamera	[digita:li kamera]
aspirateur (m)	pölynimuri	[pølynimuri]
fer (m) à repasser	silitysrauta	[silitys rauta]
planche (f) à repasser	silityslauta	[silitys lauta]
téléphone (m)	puhelin	[puhelin]
portable (m)	matkapuhelin	[matka puhelin]

machine (f) à écrire	**kirjoituskone**	[kirʰøjtus kone]
machine (f) à coudre	**ompelukone**	[ompelu kone]
micro (m)	**mikrofoni**	[mikrofoni]
écouteurs (m pl)	**kuulokkeet**	[ku:lokke:t]
télécommande (f)	**kaukosäädin**	[kɑukosæ:din]
CD (m)	**CD-levy**	[sede leʋy]
cassette (f)	**kasetti**	[kɑsetti]
disque (m) (vinyle)	**levy**	[leʋy]

LA TERRE. LE TEMPS

74. L'espace cosmique
75. La Terre
76. Les quatre parties du monde
77. Les océans et les mers
78. Les noms des mers et des océans
79. Les montagnes
80. Les noms des chaînes de montagne
81. Les fleuves
82. Les noms des fleuves
83. La forêt
84. Les ressources naturelles
85. Le temps
86. Les intempéries. Les catastrophes
   naturelles

T&P Books Publishing

cosmos (m)	**avaruus**	[ɑvɑruːs]
cosmique (adj)	**avaruus-**	[ɑvɑruːs]
espace (m) cosmique	**avaruus**	[ɑvɑruːs]
monde (m)	**maailma**	[mɑːilmɑ]
univers (m)	**maailmankaikkeus**	[mɑːilmɑn kɑjkkeus]
galaxie (f)	**galaksi**	[gɑlɑksi]
étoile (f)	**tähti**	[tæhti]
constellation (f)	**tähtikuvio**	[tæhtikuʋio]
planète (f)	**planeetta**	[plɑneːttɑ]
satellite (m)	**satelliitti**	[sɑtelliːitti]
météorite (m)	**meteoriitti**	[meteoriːitti]
comète (f)	**pyrstötähti**	[pyrstøtæhti]
astéroïde (m)	**asteroidi**	[ɑsterojdi]
orbite (f)	**kiertorata**	[kiertorɑtɑ]
tourner (vi)	**kiertää**	[kærtæː]
atmosphère (f)	**ilmakehä**	[ilmɑkeɦæ]
Soleil (m)	**Aurinko**	[auriŋko]
système (m) solaire	**Aurinkokunta**	[auriŋko kuntɑ]
éclipse (f) de soleil	**auringonpimennys**	[auriŋon pimeŋys]
Terre (f)	**Maa**	[mɑː]
Lune (f)	**Kuu**	[kuː]
Mars (m)	**Mars**	[mɑrs]
Vénus (f)	**Venus**	[ʋenus]
Jupiter (m)	**Jupiter**	[jupiter]
Saturne (m)	**Saturnus**	[sɑturnus]
Mercure (m)	**Merkurius**	[merkurius]
Uranus (m)	**Uranus**	[urɑnus]
Neptune	**Neptunus**	[neptunus]
Pluton (m)	**Pluto**	[pluto]
la Voie Lactée	**Linnunrata**	[liŋunrɑtɑ]
la Grande Ours	**Otava**	[otɑʋɑ]
la Polaire	**Pohjantähti**	[pohʰjɑntæhti]
martien (m)	**marsilainen**	[mɑrsilɑjnen]
extraterrestre (m)	**avaruusolio**	[ɑvɑruːsoʎo]
alien (m)	**humanoidi**	[humɑnojdi]

soucoupe (f) volante	lentävä lautanen	[lentæʋæ lautanen]
vaisseau (m) spatial	avaruusalus	[aʋaru:salus]
station (f) orbitale	avaruusasema	[aʋaru:sasema]
lancement (m)	startti	[startti]

moteur (m)	moottori	[mo:ttori]
tuyère (f)	suutin	[su:tin]
carburant (m)	polttoaine	[polttoajne]

cabine (f)	hytti	[hytti]
antenne (f)	antenni	[anteɲi]
hublot (m)	ikkuna	[ikkuna]
batterie (f) solaire	aurinkokennosto	[auriŋkokeŋosto]
scaphandre (m)	avaruuspuku	[aʋaru:spuku]

apesanteur (f)	painottomuus	[pajnottomu:s]
oxygène (m)	happi	[happi]

arrimage (m)	telakointi	[telakojnti]
s'arrimer à ...	tehdä telakointi	[tehdæ telakojnti]

observatoire (m)	observatorio	[obserʋatorio]
télescope (m)	teleskooppi	[telesko:ppi]
observer (vt)	seurata	[seurata]
explorer (un cosmos)	tutkia	[tutkia]

75. La Terre

Terre (f)	Maa	[ma:]
globe (m) terrestre	maapallo	[ma:pallo]
planète (f)	planeetta	[plane:tta]

atmosphère (f)	ilmakehä	[ilmakeɦæ]
géographie (f)	maantiede	[ma:ntiede]
nature (f)	luonto	[luonto]

globe (m) de table	karttapallo	[karttapallo]
carte (f)	kartta	[kartta]
atlas (m)	atlas	[atlas]

Europe (f)	Eurooppa	[euro:ppa]
Asie (f)	Aasia	[a:sia]
Afrique (f)	Afrikka	[afrikka]
Australie (f)	Australia	[australia]

Amérique (f)	Amerikka	[amerikka]
Amérique (f) du Nord	Pohjois-Amerikka	[pohʰøjs amerikka]
Amérique (f) du Sud	Etelä-Amerikka	[eteʎæ amerikka]
l'Antarctique (m)	Etelämanner	[eteʎæmaŋer]
l'Arctique (m)	Arktis	[arktis]

76. Les quatre parties du monde

nord (m)	pohjola	[pohʰøla]
vers le nord	pohjoiseen	[pohʰøjse:n]
au nord	pohjoisessa	[pohʰøjsessa]
du nord (adj)	pohjoinen	[pohʰøjnen]
sud (m)	etelä	[eteʎæ]
vers le sud	etelään	[etelæ:n]
au sud	etelässä	[eteʎæssæ]
du sud (adj)	eteläinen	[eteʎæjnen]
ouest (m)	länsi	[ʎænsi]
vers l'occident	länteen	[ʎænte:n]
à l'occident	lännessä	[ʎæŋessæ]
occidental (adj)	läntinen	[ʎæntinen]
est (m)	itä	[itæ]
vers l'orient	itään	[itæ:n]
à l'orient	idässä	[idæssæ]
oriental (adj)	itäinen	[itæjnen]

77. Les océans et les mers

mer (f)	meri	[meri]
océan (m)	valtameri	[ʋaltameri]
golfe (m)	lahti	[lahti]
détroit (m)	salmi	[salmi]
terre (f) ferme	maa	[mɑ:]
continent (m)	manner	[mɑŋer]
île (f)	saari	[sɑ:ri]
presqu'île (f)	niemimaa	[niemimɑ:]
archipel (m)	saaristo	[sɑ:risto]
baie (f)	poukama	[poukama]
port (m)	satama	[satama]
lagune (f)	laguuni	[lagu:ni]
cap (m)	niemi	[niemi]
atoll (m)	atolli	[atolli]
récif (m)	riutta	[riutta]
corail (m)	koralli	[koralli]
récif (m) de corail	koralliriutta	[koralli riutta]
profond (adj)	syvä	[syʋæ]
profondeur (f)	syvyys	[syʋy:s]
abîme (m)	kuilu	[kujlu]
fosse (f) océanique	vajoama	[ʋaøama]

| courant (m) | virta | [ʋirta] |
| baigner (vt) (mer) | huuhdella | [hu:hdella] |

| littoral (m) | merenranta | [merenranta] |
| côte (f) | rannikko | [raɲikko] |

marée (f) haute	vuoksi	[ʋuoksi]
marée (f) basse	pakovesi	[pakoʋesi]
banc (m) de sable	matalikko	[matalikko]
fond (m)	pohja	[pohʰja]

vague (f)	aalto	[a:lto]
crête (f) de la vague	aallonharja	[a:llonharʰja]
mousse (f)	vaahto	[ʋa:hto]

tempête (f) en mer	myrsky	[myrsky]
ouragan (m)	hirmumyrsky	[hirmumyrsky]
tsunami (m)	tsunami	[t͡sunami]
calme (m)	tyyni	[ty:yni]
calme (tranquille)	rauhallinen	[rauhallinen]

| pôle (m) | napa | [napa] |
| polaire (adj) | napa | [napa] |

latitude (f)	leveys	[leʋeys]
longitude (f)	pituus	[pitu:s]
parallèle (f)	leveyspiiri	[leʋeyspi:iri]
équateur (m)	päiväntasaaja	[pæejʋæntasa:ja]

ciel (m)	taivas	[tajʋas]
horizon (m)	taivaanranta	[tajʋa:nranta]
air (m)	ilma	[ilma]

phare (m)	majakka	[majakka]
plonger (vi)	sukeltaa	[sukelta:]
sombrer (vi)	upota	[upota]
trésor (m)	aarteet	[a:rte:t]

78. Les noms des mers et des océans

océan (m) Atlantique	Atlantin valtameri	[atlantin ʋalta meri]
océan (m) Indien	Intian valtameri	[intian ʋalta meri]
océan (m) Pacifique	Tyynimeri	[ty:ni meri]
océan (m) Glacial	Pohjoinen jäämeri	[pohʰøjnen jæ: meri]

mer (f) Noire	Mustameri	[musta meri]
mer (f) Rouge	Punainenmeri	[punajnen meri]
mer (f) Jaune	Keltainenmeri	[keltajnen meri]
mer (f) Blanche	Vienanmeri	[ʋjenanmeri]
mer (f) Caspienne	Kaspianmeri	[kaspian meri]

| mer (f) Morte | Kuollutmeri | [kuollut meri] |
| mer (f) Méditerranée | Välimeri | [ʋæli meri] |

| mer (f) Égée | Egeanmeri | [egean meri] |
| mer (f) Adriatique | Adrianmeri | [adrian meri] |

mer (f) Arabique	Arabianmeri	[arabian meri]
mer (f) du Japon	Japaninmeri	[japanin meri]
mer (f) de Béring	Beringinmeri	[beriŋin meri]
mer (f) de Chine Méridionale	Etelä-Kiinan meri	[eteʎæ kiːinan meri]

mer (f) de Corail	Korallimeri	[koralli meri]
mer (f) de Tasman	Tasmaninmeri	[tasmanin meri]
mer (f) Caraïbe	Karibianmeri	[karibian meri]

| mer (f) de Barents | Barentsinmeri | [barentsin meri] |
| mer (f) de Kara | Karanmeri | [karan meri] |

mer (f) du Nord	Pohjanmeri	[pohʰjan meri]
mer (f) Baltique	Itämeri	[itæ meri]
mer (f) de Norvège	Norjanmeri	[norʰjan meri]

79. Les montagnes

montagne (f)	vuori	[ʋuori]
chaîne (f) de montagnes	vuorijono	[ʋuoriøno]
crête (f)	vuorenharjanne	[ʋuoren harʰjaŋe]

sommet (m)	huippu	[hujppu]
pic (m)	vuorenhuippu	[ʋuorenhujppu]
pied (m)	juuri	[juːri]
pente (f)	rinne	[riŋe]

volcan (m)	tulivuori	[tuliʋuori]
volcan (m) actif	toimiva tulivuori	[tojmiʋa tuliʋuori]
volcan (m) éteint	sammunut tulivuori	[sammunut tuliʋuori]

éruption (f)	purkaus	[purkaus]
cratère (m)	kraatteri	[kraːteri]
magma (m)	magma	[magma]
lave (f)	laava	[laːʋa]
en fusion (lave ~)	hehkuva	[hehkuʋa]

canyon (m)	rotko	[rotko]
défilé (m) (gorge)	rotko	[rotko]
crevasse (f)	halkeama	[halkeama]

| col (m) de montagne | sola | [sola] |
| plateau (m) | ylätasanko | [yʎætasaŋko] |

| rocher (m) | kallio | [kɑllio] |
| colline (f) | mäki | [mæki] |

glacier (m)	jäätikkö	[jæːtikkø]
chute (f) d'eau	vesiputous	[ʋesiputous]
geyser (m)	geisir	[gejsir]
lac (m)	järvi	[jærui]

plaine (f)	tasanko	[tasaŋko]
paysage (m)	maisema	[majsema]
écho (m)	kaiku	[kɑjku]

alpiniste (m)	vuorikiipeilijä	[ʋuoriki:ipejlijæ]
varappeur (m)	vuorikiipeilijä	[ʋuoriki:ipejlijæ]
conquérir (vt)	valloittaa	[ʋallojtta:]
ascension (f)	nousu	[nousu]

80. Les noms des chaînes de montagne

Alpes (f pl)	Alpit	[ɑlpit]
Mont Blanc (m)	Mont Blanc	[mont blɑŋk]
Pyrénées (f pl)	Pyreneet	[pyrineːt]

Carpates (f pl)	Karpaatit	[kɑrpɑːtit]
Monts Oural (m pl)	Ural	[ural]
Caucase (m)	Kaukasus	[kaukasus]
Elbrous (m)	Elbrus	[elbrus]

Altaï (m)	Altai	[ɑltɑj]
Tian Chan (m)	Tianshan	[tian ʃan]
Pamir (m)	Pamir	[pamir]
Himalaya (m)	Himalaja	[himalɑja]
Everest (m)	Mount Everest	[maunt eʋerest]

| Andes (f pl) | Andit | [ɑndit] |
| Kilimandjaro (m) | Kilimanjaro | [kilimanʰjaro] |

81. Les fleuves

rivière (f), fleuve (m)	joki	[øki]
source (f)	lähde	[ʎæhde]
lit (m) (d'une rivière)	uoma	[uoma]
bassin (m)	joen vesistö	[øen ʋesistø]
se jeter dans …	laskea	[laskea]

affluent (m)	sivujoki	[siʋuøki]
rive (f)	ranta	[rɑnta]
courant (m)	virta	[ʋirta]

| en aval | myötävirtaan | [myøtæʋirtɑ:n] |
| en amont | ylävirtaan | [yʎæʋirtɑ:n] |

inondation (f)	tulva	[tulʋɑ]
les grandes crues	kevättulva	[keʋættulʋɑ]
déborder (vt)	tulvia	[tulʋiɑ]
inonder (vt)	tulvia	[tulʋiɑ]

| bas-fond (m) | matalikko | [mɑtɑlikko] |
| rapide (m) | koski | [koski] |

barrage (m)	pato	[pɑto]
canal (m)	kanava	[kɑnɑʋɑ]
lac (m) de barrage	vedensäiliö	[ʋedensæjliø]
écluse (f)	sulku	[sulku]

plan (m) d'eau	vesistö	[ʋesistø]
marais (m)	suo	[suo]
fondrière (f)	hete	[hete]
tourbillon (m)	pyörre	[pyørre]

ruisseau (m)	puro	[puro]
potable (adj)	juoma-	[yomɑ]
douce (l'eau ~)	makea	[mɑkeɑ]

| glace (f) | jää | [jæ:] |
| être gelé | jäätyä | [jæ:tyæ] |

82. Les noms des fleuves

| Seine (f) | Seine | [sejne] |
| Loire (f) | Loire | [lojre] |

Tamise (f)	Thames	[thɑmes]
Rhin (m)	Rein	[rejn]
Danube (m)	Tonava	[tonɑʋɑ]

Volga (f)	Volga	[ʋolgɑ]
Don (m)	Don	[don]
Lena (f)	Lena	[lenɑ]

Huang He (m)	Keltainenjoki	[keltɑjnenøki]
Yangzi Jiang (m)	Jangtse	[jɑŋdse]
Mékong (m)	Mekong	[mekoŋ]
Gange (m)	Ganges	[gɑŋes]

Nil (m)	Niili	[ni:ili]
Congo (m)	Kongo	[koŋo]
Okavango (m)	Okavango	[okɑʋɑŋo]
Zambèze (m)	Sambesi	[sɑmbesi]

| Limpopo (m) | Limpopojoki | [limpopoøki] |
| Mississippi (m) | Mississippi | [mississippi] |

83. La forêt

| forêt (f) | metsä | [metsæ] |
| forestier (adj) | metsä- | [metsæ] |

fourré (m)	tiheikkö	[tihejkkø]
bosquet (m)	lehto	[lehto]
clairière (f)	aho	[aho]

| broussailles (f pl) | tiheikkö | [tihejkkø] |
| taillis (m) | pensaikko | [pensajkko] |

| sentier (m) | polku | [polku] |
| ravin (m) | rotko | [rotko] |

arbre (m)	puu	[pu:]
feuille (f)	lehti	[lehti]
feuillage (m)	lehdistö	[lehdistø]

chute (f) de feuilles	lehdenlähtö	[lehdenʎæhtø]
tomber (feuilles)	karista	[karista]
sommet (m)	latva	[latʋa]

rameau (m)	oksa	[oksa]
branche (f)	oksa	[oksa]
bourgeon (m)	silmu	[silmu]
aiguille (f)	neulanen	[neulanen]
pomme (f) de pin	käpy	[kæpy]

creux (m)	ontelo	[ontelo]
nid (m)	pesä	[pesæ]
terrier (m) (~ d'un renard)	kolo	[kolo]

tronc (m)	runko	[ruŋko]
racine (f)	juuri	[ju:ri]
écorce (f)	kuori	[kuori]
mousse (f)	sammal	[sammal]

déraciner (vt)	juuria	[ju:ria]
abattre (un arbre)	hakata	[hakata]
déboiser (vt)	hakata	[hakata]
souche (f)	kanto	[kanto]

feu (m) de bois	nuotio	[nuotio]
incendie (m)	palo	[palo]
éteindre (feu)	sammuttaa	[sammutta:]
garde (m) forestier	metsänvartija	[metsænʋartija]

protection (f)	suojelu	[suojelu]
protéger (vt)	suojella	[suojella]
braconnier (m)	salametsästäjä	[salametsæstæjæ]
piège (m) à mâchoires	raudat	[raudat]

cueillir (champignons)	sienestää	[sienestæ:]
cueillir (baies)	marjastaa	[marʰjastɑ:]
s'égarer (vp)	eksyä	[eksyæ]

84. Les ressources naturelles

ressources (f pl) naturelles	luonnonvarat	[luoŋonʋarat]
minéraux (m pl)	mineraalit	[minera:lit]
gisement (m)	esiintymä	[esi:intymæ]
champ (m) (~ pétrolifère)	esiintymä	[esi:intymæ]

extraire (vt)	louhia	[louhia]
extraction (f)	kaivostoiminta	[kajʋostojminta]
minerai (m)	malmi	[malmi]
mine (f) (site)	kaivos	[kajʋos]
puits (m) de mine	kaivos	[kajʋos]
mineur (m)	kaivosmies	[kajʋosmies]

| gaz (m) | kaasu | [ka:su] |
| gazoduc (m) | kaasujohto | [ka:suøhto] |

pétrole (m)	öljy	[ølʰy]
pipeline (m)	öljyjohto	[ølʰy øhto]
tour (f) de forage	öljynporausreikä	[ølʰyn poraus rejkæ]
derrick (m)	öljynporaustorni	[ølʰyn poraus torni]
pétrolier (m)	tankkilaiva	[taŋkki lajʋa]

sable (m)	hiekka	[hiekka]
calcaire (m)	kalkkikivi	[kalkkikiʋi]
gravier (m)	sora	[sora]
tourbe (f)	turve	[turʋe]
argile (f)	savi	[saʋi]
charbon (m)	hiili	[hi:ili]

fer (m)	rauta	[rauta]
or (m)	kulta	[kulta]
argent (m)	hopea	[hopea]
nickel (m)	nikkeli	[nikkeli]
cuivre (m)	kupari	[kupari]

zinc (m)	sinkki	[siŋkki]
manganèse (m)	mangaani	[maŋa:ni]
mercure (m)	elohopea	[elo hopea]
plomb (m)	lyijy	[lyiy]
minéral (m)	mineraali	[minera:li]

cristal (m)	kristalli	[kristalli]
marbre (m)	marmori	[marmori]
uranium (m)	uraani	[ura:ni]

85. Le temps

temps (m)	sää	[sæ:]
météo (f)	sääennuste	[sæ:eŋuste]
température (f)	lämpötila	[ʌæmpøtila]
thermomètre (m)	lämpömittari	[ʌæmpømittari]
baromètre (m)	ilmapuntari	[ilmapuntari]

humidité (f)	kosteus	[kosteus]
chaleur (f) (canicule)	helle	[helle]
torride (adj)	kuuma	[ku:ma]
il fait très chaud	on kuumaa	[on ku:ma:]

| il fait chaud | on lämmintä | [on ʌæmmintæ] |
| chaud (modérément) | lämmin | [ʌæmmin] |

| il fait froid | on kylmää | [on kylmæ:] |
| froid (adj) | kylmä | [kylmæ] |

soleil (m)	aurinko	[auriŋko]
briller (soleil)	paistaa	[pajsta:]
ensoleillé (jour ~)	aurinkoinen	[auriŋkojnen]
se lever (vp)	nousta	[nousta]
se coucher (vp)	laskea	[laskea]

nuage (m)	pilvi	[pilʋi]
nuageux (adj)	pilvinen	[pilʋinen]
nuée (f)	pilvi	[pilʋi]
sombre (adj)	pilvinen	[pilʋinen]

pluie (f)	sade	[sade]
il pleut	sataa vettä	[sata: ʋettæ]
pluvieux (adj)	sateinen	[satejnen]
bruiner (v imp)	vihmoa	[ʋihmoa]

pluie (f) torrentielle	kaatosade	[ka:tosade]
averse (f)	rankka sade	[raŋkkasade]
forte (la pluie ~)	rankka	[raŋkka]

| flaque (f) | lätäkkö | [ʌætækkø] |
| se faire mouiller | kastua | [kastua] |

brouillard (m)	sumu	[sumu]
brumeux (adj)	sumuinen	[sumujnen]
neige (f)	lumi	[lumi]
il neige	sataa lunta	[sata: lunta]

86. Les intempéries. Les catastrophes naturelles

orage (m)	ukkonen	[ukkonen]
éclair (m)	salama	[salama]
éclater (foudre)	kimaltaa	[kimalta:]
tonnerre (m)	ukkonen	[ukkonen]
gronder (tonnerre)	jyristä	[yristæ]
le tonnerre gronde	ukkonen jyrisee	[ukkonen yrise:]
grêle (f)	raesade	[raesade]
il grêle	sataa rakeita	[sata: rakejta]
inonder (vt)	upottaa	[upotta:]
inondation (f)	tulva	[tuluɑ]
tremblement (m) de terre	maanjäristys	[ma:njaristys]
secousse (f)	maantärähdys	[ma:ntæræhdys]
épicentre (m)	keskus	[keskus]
éruption (f)	purkaus	[purkaus]
lave (f)	laava	[la:uɑ]
tourbillon (m)	pyörre	[pyørre]
tornade (f)	tornado	[tornado]
typhon (m)	pyörremyrsky	[pyørremyrsky]
ouragan (m)	hirmumyrsky	[hirmumyrsky]
tempête (f)	myrsky	[myrsky]
tsunami (m)	tsunami	[tsunami]
cyclone (m)	sykloni	[sykloni]
intempéries (f pl)	koiran ilma	[kojran ilma]
incendie (m)	palo	[palo]
catastrophe (f)	katastrofi	[katastrofi]
météorite (m)	meteoriitti	[meteori:itti]
avalanche (f)	lumivyöry	[lumiuyøry]
éboulement (m)	lumivyöry	[lumiuyøry]
blizzard (m)	pyry	[pyry]
tempête (f) de neige	pyry	[pyry]

T&P BOOKS

LA FAUNE

87. Les mammifères. Les prédateurs
88. Les animaux sauvages
89. Les animaux domestiques
90. Les oiseaux
91. Les poissons. Les animaux marins
92. Les amphibiens. Les reptiles
93. Les insectes

T&P Books Publishing

prédateur (m)	peto	[peto]
tigre (m)	tiikeri	[tiːikeri]
lion (m)	leijona	[leiøna]
loup (m)	susi	[susi]
renard (m)	kettu	[kettu]

jaguar (m)	jaguaari	[jɑguɑːri]
léopard (m)	leopardi	[leopɑrdi]
guépard (m)	gepardi	[gepɑrdi]

panthère (f)	pantteri	[pɑntteri]
puma (m)	puuma	[puːmɑ]
léopard (m) de neiges	lumileopardi	[lumi leopɑrdi]
lynx (m)	ilves	[iluɛs]

coyote (m)	kojootti	[koøːtti]
chacal (m)	sakaali	[sɑkɑːli]
hyène (f)	hyeena	[hyeːnɑ]

| animal (m) | eläin | [eʌæjn] |
| bête (f) | eläin | [eʌæjn] |

écureuil (m)	orava	[orɑuɑ]
hérisson (m)	siili	[siːili]
lièvre (m)	jänis	[jænis]
lapin (m)	kaniini	[kɑniːini]

blaireau (m)	mäyrä	[mæuræ]
raton (m)	pesukarhu	[pesukɑrhu]
hamster (m)	hamsteri	[hɑmsteri]
marmotte (f)	murmeli	[murmeli]

taupe (f)	maamyyrä	[mɑːmyːræ]
souris (f)	hiiri	[hiːiri]
rat (m)	rotta	[rottɑ]
chauve-souris (f)	lepakko	[lepɑkko]

hermine (f)	kärppä	[kærppæ]
zibeline (f)	soopeli	[soːpeli]
martre (f)	näätä	[næːtæ]

| belette (f) | lumikko | [lumikko] |
| vison (m) | minkki | [miŋkki] |

| castor (m) | majava | [majaʋɑ] |
| loutre (f) | saukko | [sɑukko] |

cheval (m)	hevonen	[heʋonen]
élan (m)	hirvi	[hirʋi]
cerf (m)	poro	[poro]
chameau (m)	kameli	[kameli]

bison (m)	biisoni	[bi:isoni]
aurochs (m)	visentti	[ʋisentti]
buffle (m)	puhveli	[puhʋeli]

zèbre (m)	seepra	[se:prɑ]
antilope (f)	antilooppi	[antilo:ppi]
chevreuil (m)	metsäkauris	[metsæ kauris]
biche (f)	kuusipeura	[ku:si peurɑ]
chamois (m)	gemssi	[gemssi]
sanglier (m)	villisika	[ʋilli sikɑ]

baleine (f)	valas	[ʋɑlɑs]
phoque (m)	hylje	[hylʰje]
morse (m)	mursu	[mursu]
ours (m) de mer	merikarhu	[merikɑrhu]
dauphin (m)	delfiini	[delfi:ini]

ours (m)	karhu	[kɑrhu]
ours (m) blanc	jääkarhu	[jæ:kɑrhu]
panda (m)	panda	[pɑndɑ]

singe (m)	apina	[ɑpinɑ]
chimpanzé (m)	simpanssi	[simpɑnssi]
orang-outang (m)	oranki	[orɑŋki]
gorille (m)	gorilla	[gorillɑ]
macaque (m)	makaki	[mɑkɑki]
gibbon (m)	gibboni	[gibboni]

| éléphant (m) | norsu | [norsu] |
| rhinocéros (m) | sarvikuono | [sɑrʋikuono] |

| girafe (f) | kirahvi | [kirɑhʋi] |
| hippopotame (m) | virtahepo | [ʋirtɑ hepo] |

| kangourou (m) | kenguru | [keŋuru] |
| koala (m) | pussikarhu | [pussikɑrhu] |

mangouste (f)	faaraorotta	[fɑ:rɑorottɑ]
chinchilla (m)	sinsilla	[sinsillɑ]
mouffette (f)	haisunäätä	[hɑjsunæ:tæ]
porc-épic (m)	piikkisika	[pi:ikkisikɑ]

89. Les animaux domestiques

chat (m) (femelle)	kissa	[kissa]
chat (m) (mâle)	kollikissa	[kollikissa]
chien (m)	koira	[kojra]
cheval (m)	hevonen	[heʋonen]
étalon (m)	ori	[ori]
jument (f)	tamma	[tamma]
vache (f)	lehmä	[lehmæ]
taureau (m)	sonni	[soŋi]
bœuf (m)	härkä	[ɦærkæ]
brebis (f)	lammas	[lammɑs]
mouton (m)	pässi	[pæssi]
chèvre (f)	vuohi	[ʋuohi]
bouc (m)	pukki	[pukki]
âne (m)	aasi	[ɑːsi]
mulet (m)	muuli	[muːli]
cochon (m)	sika	[sika]
pourceau (m)	porsas	[porsas]
lapin (m)	kaniini	[kaniːini]
poule (f)	kana	[kana]
coq (m)	kukko	[kukko]
canard (m)	ankka	[aŋkka]
canard (m) mâle	urosankka	[urosaŋkka]
oie (f)	hanhi	[hanhi]
dindon (m)	uroskalkkuna	[uroskalkkuna]
dinde (f)	naaraskalkkuna	[naːraskalkkuna]
animaux (m pl) domestiques	kotieläimet	[kotieʎæjmet]
apprivoisé (adj)	kesy	[kesy]
apprivoiser (vt)	kesyttää	[kesyttæː]
élever (vt)	kasvattaa	[kasʋattaː]
ferme (f)	farmi	[farmi]
volaille (f)	siipikarja	[siːipikarʰja]
bétail (m)	karja	[karʰja]
troupeau (m)	lauma	[lauma]
écurie (f)	hevostalli	[heʋostalli]
porcherie (f)	sikala	[sikala]
vacherie (f)	navetta	[naʋetta]
cabane (f) à lapins	kanikoppi	[kanikoppi]
poulailler (m)	kanala	[kanala]

90. Les oiseaux

oiseau (m)	**lintu**	[lintu]
pigeon (m)	**kyyhky**	[kyːhky]
moineau (m)	**varpunen**	[ʋarpunen]
mésange (f)	**tiainen**	[tiajnen]
pie (f)	**harakka**	[harakka]
corbeau (m)	**korppi**	[korppi]
corneille (f)	**varis**	[ʋaris]
choucas (m)	**naakka**	[naːkka]
freux (m)	**mustavaris**	[musta ʋaris]
canard (m)	**ankka**	[aŋkka]
oie (f)	**hanhi**	[hanhi]
faisan (m)	**fasaani**	[fasaːni]
aigle (m)	**kotka**	[kotka]
épervier (m)	**haukka**	[haukka]
faucon (m)	**haukka**	[haukka]
vautour (m)	**korppikotka**	[korppikotka]
condor (m)	**kondori**	[kondori]
cygne (m)	**joutsen**	[øuʦen]
grue (f)	**kurki**	[kurki]
cigogne (f)	**haikara**	[hajkara]
perroquet (m)	**papukaija**	[papukaija]
colibri (m)	**kolibri**	[kolibri]
paon (m)	**riikinkukko**	[riːikiŋkukko]
autruche (f)	**strutsi**	[struʦi]
héron (m)	**haikara**	[hajkara]
flamant (m)	**flamingo**	[flamiŋo]
pélican (m)	**pelikaani**	[pelikaːni]
rossignol (m)	**satakieli**	[satakieli]
hirondelle (f)	**pääskynen**	[pæːskynen]
merle (m)	**rastas**	[rastas]
grive (f)	**laulurastas**	[laulurastas]
merle (m) noir	**mustarastas**	[mustarastas]
martinet (m)	**tervapääsky**	[terʋapæːsky]
alouette (f) des champs	**leivonen**	[lejʋonen]
caille (f)	**viiriäinen**	[ʋiːiriæjnen]
pivert (m)	**tikka**	[tikka]
coucou (m)	**käki**	[kæki]
chouette (f)	**pöllö**	[pøllø]
hibou (m)	**huuhkaja**	[huːhkaja]

tétras (m)	metso	[metso]
tétras-lyre (m)	teeri	[te:ri]
perdrix (f)	riekko	[riekko]

étourneau (m)	kottarainen	[kottarajnen]
canari (m)	kanarianlintu	[kanarianlintu]
gélinotte (f) des bois	pyy	[py:]
pinson (m)	peipponen	[pejpponen]
bouvreuil (m)	punatulkku	[punatulkku]

mouette (f)	lokki	[lokki]
albatros (m)	albatrossi	[albatrossi]
pingouin (m)	pingviini	[piŋʋi:ini]

91. Les poissons. Les animaux marins

brème (f)	lahna	[lahna]
carpe (f)	karppi	[karppi]
perche (f)	ahven	[ahʋen]
silure (m)	monni	[moŋi]
brochet (m)	hauki	[hauki]

saumon (m)	lohi	[lohi]
esturgeon (m)	sampi	[sampi]

hareng (m)	silli	[silli]
saumon (m) atlantique	merilohi	[merilohi]
maquereau (m)	makrilli	[makrilli]
flet (m)	kampela	[kampela]

sandre (f)	kuha	[kuha]
morue (f)	turska	[turska]
thon (m)	tonnikala	[toŋikala]
truite (f)	lohi	[lohi]

anguille (f)	ankerias	[aŋkerias]
torpille (f)	sähkörausku	[sæhkørausku]
murène (f)	mureena	[mure:na]
piranha (m)	punapiraija	[puna piraija]

requin (m)	hai	[haj]
dauphin (m)	delfiini	[delfi:ini]
baleine (f)	valas	[ʋalas]

crabe (m)	taskurapu	[taskurapu]
méduse (f)	meduusa	[medu:sa]
pieuvre (f), poulpe (m)	meritursas	[meritursas]

étoile (f) de mer	meritähti	[meritæhti]
oursin (m)	merisiili	[merisi:ili]

hippocampe (m)	merihevonen	[meriheʋonen]
huître (f)	osteri	[osteri]
crevette (f)	katkarapu	[katkɑrɑpu]
homard (m)	hummeri	[hummeri]
langoustine (f)	langusti	[lɑŋusti]

92. Les amphibiens. Les reptiles

| serpent (m) | käärme | [kæ:rme] |
| venimeux (adj) | myrkyllinen | [myrkyllinen] |

vipère (f)	kyy	[ky:]
cobra (m)	silmälasikäärme	[silmælɑsi kæ:rme]
python (m)	python	[python]
boa (m)	jättiläiskäärme	[jættiʎæjs kæ:rme]

couleuvre (f)	turhakäärme	[turhɑ kæ:rme]
serpent (m) à sonnettes	kalkkarokäärme	[kɑlkkɑro kæ:rme]
anaconda (m)	anakonda	[ɑnɑkondɑ]

lézard (m)	sisilisko	[sisilisko]
iguane (m)	iguaani	[iguɑ:ni]
varan (m)	varaani	[ʋɑrɑ:ni]
salamandre (f)	salamanteri	[sɑlɑmɑnteri]
caméléon (m)	kameleontti	[kɑmeleontti]
scorpion (m)	skorpioni	[skorpioni]

tortue (f)	kilpikonna	[kilpikoŋɑ]
grenouille (f)	sammakko	[sɑmmɑkko]
crapaud (m)	konna	[koŋɑ]
crocodile (m)	krokotiili	[krokoti:ili]

93. Les insectes

insecte (m)	hyönteinen	[hyøntejnen]
papillon (m)	perhonen	[perhonen]
fourmi (f)	muurahainen	[mu:rɑhɑjnen]
mouche (f)	kärpänen	[kærpænen]
moustique (m)	hyttynen	[hyttynen]
scarabée (m)	kovakuoriainen	[koʋɑkuoriɑjnen]

guêpe (f)	ampiainen	[ɑmpiɑjnen]
abeille (f)	mehiläinen	[mehiʎæjnen]
bourdon (m)	kimalainen	[kimɑlɑjnen]
œstre (m)	kiiliäinen	[ki:iliæjnen]

| araignée (f) | hämähäkki | [ɦæmæɦækki] |
| toile (f) d'araignée | hämähäkinseitti | [ɦæmæɦækinsejtti] |

libellule (f)	sudenkorento	[sudeŋkorento]
sauterelle (f)	hepokatti	[hepokatti]
papillon (m)	perho	[perho]
cafard (m)	torakka	[torɑkkɑ]
tique (f)	punkki	[puŋkki]
puce (f)	kirppu	[kirppu]
moucheron (m)	mäkärä	[mækæræ]
criquet (m)	kulkusirkka	[kulkusirkkɑ]
escargot (m)	etana	[etɑnɑ]
grillon (m)	sirkka	[sirkkɑ]
luciole (f)	kiiltomato	[ki:iltomɑto]
coccinelle (f)	leppäkerttu	[leppækerttu]
hanneton (m)	turilas	[turilɑs]
sangsue (f)	juotikas	[juotikɑs]
chenille (f)	toukka	[toukkɑ]
ver (m)	mato	[mɑto]
larve (f)	toukka	[toukkɑ]

T&P BOOKS

LA FLORE

94. Les arbres
95. Les arbustes
96. Les fruits. Les baies
97. Les fleurs. Les plantes
98. Les céréales

T&P Books Publishing

arbre (m)	puu	[puː]
à feuilles caduques	lehti-	[lehti]
conifère (adj)	havu-	[hɑʋu]
à feuilles persistantes	ikivihreä	[ikiʋihreɑ]
pommier (m)	omenapuu	[omenɑpuː]
poirier (m)	päärynäpuu	[pæːryɲæpuː]
merisier (m)	linnunkirsikkapuu	[liɲun kirsikkɑpuː]
cerisier (m)	hapankirsikkapuu	[hɑpɑn kirsikkɑpuː]
prunier (m)	luumupuu	[luːmupuː]
bouleau (m)	koivu	[kojʋu]
chêne (m)	tammi	[tɑmmi]
tilleul (m)	lehmus	[lehmus]
tremble (m)	haapa	[hɑːpɑ]
érable (m)	vaahtera	[ʋɑːhterɑ]
épicéa (m)	kuusi	[kuːsi]
pin (m)	mänty	[mænty]
mélèze (m)	lehtikuusi	[lehtikuːsi]
sapin (m)	jalokuusi	[jɑlokuːsi]
cèdre (m)	setri	[setri]
peuplier (m)	poppeli	[poppeli]
sorbier (m)	pihlaja	[pihlɑjɑ]
saule (m)	paju	[pɑju]
aune (m)	leppä	[leppæ]
hêtre (m)	pyökki	[pyøkki]
orme (m)	jalava	[jɑlɑʋɑ]
frêne (m)	saarni	[sɑːrni]
marronnier (m)	kastanja	[kɑstɑnʰjɑ]
magnolia (m)	magnolia	[mɑgnoliɑ]
palmier (m)	palmu	[pɑlmu]
cyprès (m)	sypressi	[sypressi]
palétuvier (m)	mangrovepuu	[mɑɲroʋepuː]
baobab (m)	apinanleipäpuu	[ɑpinɑn lejpæpuː]
eucalyptus (m)	eukalyptus	[eukɑlyptus]
séquoia (m)	punapuu	[punɑpuː]

95. Les arbustes

| buisson (m) | pensas | [pensɑs] |
| arbrisseau (m) | pensaikko | [pensɑjkko] |

| vigne (f) | viinirypäleet | [ʋi:inirypæle:t] |
| vigne (f) (vignoble) | viinitarha | [ʋi:initarhɑ] |

framboise (f)	vadelma	[ʋɑdelmɑ]
groseille (f) rouge	punaherukka	[punɑherukkɑ]
groseille (f) verte	karviaismarja	[karʋiɑjsmarʰjɑ]

acacia (m)	akasia	[ɑkɑsiɑ]
berbéris (m)	happomarja	[hɑppomarʰjɑ]
jasmin (m)	jasmiini	[jɑsmi:ini]

genévrier (m)	kataja	[kɑtɑjɑ]
rosier (m)	ruusupensas	[ru:supensɑs]
églantier (m)	villiruusu	[ʋilliru:su]

96. Les fruits. Les baies

fruit (m)	hedelmä	[hedelmæ]
fruits (m pl)	hedelmät	[hedelmæt]
pomme (f)	omena	[omenɑ]
poire (f)	päärynä	[pæ:ryɲæ]
prune (f)	luumu	[lu:mu]

fraise (f)	mansikka	[mɑnsikkɑ]
cerise (f)	hapankirsikka	[hɑpɑn kirsikkɑ]
merise (f)	linnunkirsikka	[liɲun kirsikkɑ]
raisin (m)	viinirypäleet	[ʋi:inirypæle:t]

framboise (f)	vadelma	[ʋɑdelmɑ]
cassis (m)	mustaherukka	[mustɑherukkɑ]
groseille (f) rouge	punaiset viinimarjat	[punɑjset ʋi:inimarʰjɑt]
groseille (f) verte	karviaiset	[karʋiɑjset]
canneberge (f)	karpalo	[karpɑlo]

orange (f)	appelsiini	[ɑppelsi:ini]
mandarine (f)	mandariini	[mɑndɑri:ini]
ananas (m)	ananas	[ɑnɑnɑs]
banane (f)	banaani	[bɑnɑ:ni]
datte (f)	taateli	[tɑ:teli]

citron (m)	sitruuna	[sitru:nɑ]
abricot (m)	aprikoosi	[ɑpriko:si]
pêche (f)	persikka	[persikkɑ]
kiwi (m)	kiivi	[ki:iʋi]

pamplemousse (m)	greippi	[grejppi]
baie (f)	marja	[marʰja]
baies (f pl)	marjat	[marʰjat]
airelle (f) rouge	puolukka	[puolukka]
fraise (f) des bois	mansikka	[mansikka]
myrtille (f)	mustikka	[mustikka]

97. Les fleurs. Les plantes

fleur (f)	kukka	[kukka]
bouquet (m)	kukkakimppu	[kukkakimppu]
rose (f)	ruusu	[ruːsu]
tulipe (f)	tulppani	[tulppani]
oeillet (m)	neilikka	[nejlikka]
glaïeul (m)	miekkalilja	[miekkalilija]
bleuet (m)	kaunokki	[kaunokki]
campanule (f)	kellokukka	[kelloikukka]
dent-de-lion (f)	voikukka	[ʋojkukka]
marguerite (f)	päivänkakkara	[pæjʋæn kakkara]
aloès (m)	aaloe	[aːloe]
cactus (m)	kaktus	[kaktus]
ficus (m)	fiikus	[fiːikus]
lis (m)	lilja	[lilʰja]
géranium (m)	kurjenpolvi	[kurʰjenpolʋi]
jacinthe (f)	hyasintti	[hyasintti]
mimosa (m)	mimoosa	[mimoːsa]
jonquille (f)	narsissi	[narsissi]
capucine (f)	krassi	[krassi]
orchidée (f)	orkidea	[orkidea]
pivoine (f)	pioni	[pioni]
violette (f)	orvokki	[orʋokki]
pensée (f)	keto-orvokki	[keto orʋokki]
myosotis (m)	lemmikki	[lemmikki]
pâquerette (f)	kaunokainen	[kaunokajnen]
coquelicot (m)	unikko	[unikko]
chanvre (m)	hamppu	[hamppu]
menthe (f)	minttu	[minttu]
muguet (m)	kielo	[kielo]
perce-neige (f)	lumikello	[lumikello]
ortie (f)	nokkonen	[nokkonen]
oseille (f)	hierakka	[hierakka]

nénuphar (m)	**lumme**	[lumme]
fougère (f)	**saniainen**	[saniajnen]
lichen (m)	**jäkälä**	[jækæʌæ]
serre (f) tropicale	**ansari**	[ɑnsɑri]
gazon (m)	**nurmikko**	[nurmikko]
parterre (m) de fleurs	**kukkapenkki**	[kukkɑ peŋkki]
plante (f)	**kasvi**	[kɑsʋi]
herbe (f)	**ruoho**	[ruoho]
brin (m) d'herbe	**heinänkorsi**	[hejnæŋkorsi]
feuille (f)	**lehti**	[lehti]
pétale (m)	**terälehti**	[teræ lehti]
tige (f)	**varsi**	[ʋɑrsi]
tubercule (m)	**mukula**	[mukulɑ]
pousse (f)	**itu**	[itu]
épine (f)	**piikki**	[piːikki]
fleurir (vi)	**kukkia**	[kukkiɑ]
se faner (vp)	**kuihtua**	[kujhtuɑ]
odeur (f)	**tuoksu**	[tuoksu]
couper (vt)	**leikata**	[lejkɑtɑ]
cueillir (fleurs)	**repiä**	[repiæ]

98. Les céréales

grains (m pl)	**vilja**	[ʋilʰjɑ]
céréales (f pl) (plantes)	**viljat**	[ʋilʰjɑt]
épi (m)	**tähkä**	[tæhkæ]
blé (m)	**vehnä**	[ʋehɲæ]
seigle (m)	**ruis**	[rujs]
avoine (f)	**kaura**	[kɑurɑ]
millet (m)	**hirssi**	[hirssi]
orge (f)	**ohra**	[ohrɑ]
maïs (m)	**maissi**	[mɑjssi]
riz (m)	**riisi**	[riːisi]
sarrasin (m)	**tattari**	[tɑttɑri]
pois (m)	**herne**	[herne]
haricot (m)	**pavut**	[pɑʋut]
soja (m)	**soijapapu**	[soijɑpɑpu]
lentille (f)	**kylvövirvilä**	[kyluøuiruiʌæ]
fèves (f pl)	**pavut**	[pɑʋut]

T&P BOOKS

LES PAYS DU MONDE

99. Les pays du monde. Partie 1
100. Les pays du monde. Partie 2
101. Les pays du monde. Partie 3

T&P Books Publishing

99. Les pays du monde. Partie 1

Afghanistan (m)	Afganistan	[afganistan]
Albanie (f)	Albania	[albania]
Allemagne (f)	Saksa	[saksa]
Angleterre (f)	Englanti	[eŋlanti]
Arabie (f) Saoudite	Saudi-Arabia	[saudi arabia]
Argentine (f)	Argentiina	[argentiːina]
Arménie (f)	Armenia	[armeniæ]
Australie (f)	Australia	[australia]
Autriche (f)	Itävalta	[itæʋalta]
Azerbaïdjan (m)	Azerbaidžan	[azerbajdʒan]

Bahamas (f pl)	Bahama	[bahama]
Bangladesh (m)	Bangladesh	[baŋladeʃ]
Belgique (f)	Belgia	[belgia]
Biélorussie (f)	Valko-Venäjä	[ʋalko ʋeɲæjæ]
Bolivie (f)	Bolivia	[boliʋia]
Bosnie (f)	Bosnia ja Hertsegovina	[bosnia ja hertsegoʋina]
Brésil (m)	Brasilia	[brasilia]
Bulgarie (f)	Bulgaria	[bulgaria]

Cambodge (m)	Kambodža	[kambodʒa]
Canada (m)	Kanada	[kanada]
Chili (m)	Chile	[tʃile]
Chine (f)	Kiina	[kiːina]
Chypre (m)	Kypros	[kypros]
Colombie (f)	Kolumbia	[kolumbia]
Corée (f) du Nord	Pohjois-Korea	[pohʰøjs korea]
Corée (f) du Sud	Etelä-Korea	[eteʎæ korea]
Croatie (f)	Kroatia	[kroatia]
Cuba (f)	Kuuba	[kuːba]

Danemark (m)	Tanska	[tanska]
Écosse (f)	Skotlanti	[skotlanti]
Égypte (f)	Egypti	[egypti]
Équateur (m)	Ecuador	[ekuador]
Espagne (f)	Espanja	[espanʰja]
Estonie (f)	Viro	[ʋiro]
Les États Unis	Yhdysvallat	[yhdys ʋallat]

Fédération (f) des Émirats Arabes Unis	Arabiemiirikuntien liitto	[arabi emiːiri kuntien liːitto]
Finlande (f)	Suomi	[suomi]
France (f)	Ranska	[ranska]
Géorgie (f)	Gruusia	[gruːsia]

Ghana (m)	Ghana	[gana]
Grande-Bretagne (f)	Iso-Britannia	[isobritaɲia]
Grèce (f)	Kreikka	[krejkka]

100. Les pays du monde. Partie 2

Haïti (m)	Haiti	[haiti]
Hongrie (f)	Unkari	[uŋkari]
Inde (f)	Intia	[intia]
Indonésie (f)	Indonesia	[indonesia]
Iran (m)	Iran	[iran]
Iraq (m)	Irak	[irak]
Irlande (f)	Irlanti	[irlanti]
Islande (f)	Islanti	[islanti]
Israël (m)	Israel	[israel]
Italie (f)	Italia	[italia]

Jamaïque (f)	Jamaika	[jamajka]
Japon (m)	Japani	[japani]
Jordanie (f)	Jordania	[ørdania]
Kazakhstan (m)	Kazakstan	[kazakstan]
Kenya (m)	Kenia	[kenia]
Kirghizistan (m)	Kirgisia	[kirgisia]
Koweït (m)	Kuwait	[kuʋajt]

Laos (m)	Laos	[laos]
Lettonie (f)	Latvia	[latʋia]
Liban (m)	Libanon	[libanon]
Libye (f)	Libya	[libya]
Liechtenstein (m)	Liechtenstein	[lihtenʃtajn]
Lituanie (f)	Liettua	[liettua]
Luxembourg (m)	Luxemburg	[lyksemburg]

Macédoine (f)	Makedonia	[makedonia]
Madagascar (f)	Madagaskar	[madagaskar]
Malaisie (f)	Malesia	[malesia]
Malte (f)	Malta	[malta]
Maroc (m)	Marokko	[marokko]
Mexique (m)	Meksiko	[meksiko]
Moldavie (f)	Moldova	[moldoʋa]

Monaco (m)	Monaco	[monako]
Mongolie (f)	Mongolia	[moɲolia]
Monténégro (m)	Montenegro	[monte negro]
Myanmar (m)	Myanmar	[myanmar]
Namibie (f)	Namibia	[namibiæ]
Népal (m)	Nepal	[nepal]
Norvège (f)	Norja	[norʰja]
Nouvelle Zélande (f)	Uusi-Seelanti	[u:si se:lanti]
Ouzbékistan (m)	Uzbekistan	[uzbekistan]

101. Les pays du monde. Partie 3

Pakistan (m)	**Pakistan**	[pakistan]
Palestine (f)	**Palestiinalaishallinto**	[palesti:inalajs hallinto]
Panamá (m)	**Panama**	[panama]
Paraguay (m)	**Paraguay**	[paraguaj]
Pays-Bas (m)	**Alankomaat**	[alaŋkoma:t]
Pérou (m)	**Peru**	[peru]
Pologne (f)	**Puola**	[puola]
Polynésie (f) Française	**Ranskan Polynesia**	[ranskan polynesia]
Portugal (m)	**Portugali**	[portugali]
République (f) Dominicaine	**Dominikaaninen tasavalta**	[dominika:ninen tasavalta]
République (f) Sud-africaine	**Etelä-Afrikka**	[eteʎæ afrikka]
République (f) Tchèque	**Tšekki**	[tʃekki]
Roumanie (f)	**Romania**	[romania]
Russie (f)	**Venäjä**	[ʋeɲæjæ]
Sénégal (m)	**Senegal**	[senegal]
Serbie (f)	**Serbia**	[serbia]
Slovaquie (f)	**Slovakia**	[sloʋakia]
Slovénie (f)	**Slovenia**	[sloʋenia]
Suède (f)	**Ruotsi**	[ruotsi]
Suisse (f)	**Sveitsi**	[sʋejtsi]
Surinam (m)	**Suriname**	[suriname]
Syrie (f)	**Syyria**	[sy:ria]
Tadjikistan (m)	**Tadžhikistan**	[tadʒikistan]
Taïwan (m)	**Taiwan**	[tajʋan]
Tanzanie (f)	**Tansania**	[tansania]
Tasmanie (f)	**Tasmania**	[tasmania]
Thaïlande (f)	**Thaimaa**	[thajma:]
Tunisie (f)	**Tunisia**	[tunisia]
Turkménistan (m)	**Turkmenistan**	[turkmenistan]
Turquie (f)	**Turkki**	[turkki]
Ukraine (f)	**Ukraina**	[ukraina]
Uruguay (m)	**Uruguay**	[uruguaj]
Vatican (m)	**Vatikaanivaltio**	[ʋatika:ni ʋaltio]
Venezuela (f)	**Venezuela**	[ʋenezuela]
Vietnam (m)	**Vietnam**	[ʋjetnam]
Zanzibar (m)	**Sansibar**	[sansibar]

T&P BOOKS

GLOSSAIRE GASTRONOMIQUE

Cette section contient
beaucoup de mots associés
à la nourriture. Ce dictionnaire
vous facilitera la tâche
de comprendre le menu
et de commander le bon plat
au restaurant

T&P Books Publishing

Français-Finnois glossaire gastronomique

épi (m)	tähkä	[tæhkæ]
épice (f)	mauste	[mauste]
épinard (m)	pinaatti	[pina:tti]
œuf (m)	muna	[muna]
abricot (m)	aprikoosi	[apriko:si]
addition (f)	lasku	[lasku]
ail (m)	valkosipuli	[ualko sipuli]
airelle (f) rouge	puolukka	[puolukka]
amande (f)	manteli	[manteli]
amanite (f) tue-mouches	kärpässieni	[kærpæssieni]
amer (adj)	karvas	[karuas]
ananas (m)	ananas	[ananas]
anguille (f)	ankerias	[aŋkerias]
anis (m)	anis	[anis]
apéritif (m)	aperitiivi	[aperiti:iui]
appétit (m)	ruokahalu	[ruokahalu]
arrière-goût (m)	sivumaku	[siuumaku]
artichaut (m)	artisokka	[artisokka]
asperge (f)	parsa	[parsa]
assiette (f)	lautanen	[lautanen]
aubergine (f)	munakoiso	[munakojso]
avec de la glace	jään kanssa	[jæ:n kanssa]
avocat (m)	avokado	[auokado]
avoine (f)	kaura	[kaura]
bacon (m)	pekoni	[pekoni]
baie (f)	marja	[marʰja]
baies (f pl)	marjat	[marʰjat]
banane (f)	banaani	[bana:ni]
bar (m)	baari	[ba:ri]
barman (m)	baarimestari	[ba:rimestari]
basilic (m)	basilika	[basilika]
betterave (f)	punajuuri	[punaju:ri]
beurre (m)	voi	[uoj]
bière (f)	olut	[olut]
bière (f) blonde	vaalea olut	[ua:lea olut]
bière (f) brune	tumma olut	[tumma olut]
biscuit (m)	keksit	[keksit]
blé (m)	vehnä	[uehɲæ]
blanc (m) d'œuf	valkuainen	[ualkuajnen]
boisson (f) non alcoolisée	alkoholiton juoma	[alkoholiton juoma]
boissons (f pl) alcoolisées	alkoholijuomat	[alkoholi juomat]
bolet (m) bai	lehmäntatti	[lehmæntatti]

bolet (m) orangé	punikkitatti	[punikkitatti]
bon (adj)	maukas	[maukas]
Bon appétit!	**Hyvää ruokahalua!**	[hyʋæ: ruokahalua]
bonbon (m)	karamelli	[karamelli]
bouillie (f)	puuro	[pu:ro]
bouillon (m)	liemi	[liemi]
boulette (f)	kotletti	[kotletti]
brème (f)	lahna	[lahna]
brochet (m)	hauki	[hauki]
brocoli (m)	brokkolikaali	[brokkoli ka:li]
cèpe (m)	herkkutatti	[herkkutatti]
céleri (m)	selleri	[selleri]
céréales (f pl)	viljat	[ʋilʰjat]
cacahuète (f)	maapähkinä	[ma:pæhkiɲæ]
café (m)	kahvi	[kahʋi]
café (m) au lait	maitokahvi	[majto kahʋi]
café (m) noir	musta kahvi	[musta kahʋi]
café (m) soluble	murukahvi	[muru kahʋi]
calamar (m)	kalmari	[kalmari]
calorie (f)	kalori	[kalori]
canard (m)	ankka	[aŋkka]
canneberge (f)	karpalo	[karpalo]
cannelle (f)	kaneli	[kaneli]
cappuccino (m)	kahvi kerman kera	[kahʋi kerman kera]
carotte (f)	porkkana	[porkkana]
carpe (f)	karppi	[karppi]
carte (f)	ruokalista	[ruoka lista]
carte (f) des vins	viinilista	[ʋi:ini lista]
cassis (m)	mustaherukka	[mustaherukka]
caviar (m)	kaviaari	[kaʋia:ri]
cerise (f)	hapankirsikka	[hapan kirsikka]
champagne (m)	samppanja	[samppanʰja]
champignon (m)	sieni	[sieni]
champignon (m) comestible	ruokasieni	[ruokasieni]
champignon (m) vénéneux	myrkkysieni	[myrkkysieni]
chaud (adj)	kuuma	[ku:ma]
chocolat (m)	suklaa	[sukla:]
chou (m)	kaali	[ka:li]
chou (m) de Bruxelles	brysselinkaali	[brysseliŋka:li]
chou-fleur (m)	kukkakaali	[kukkaka:li]
citron (m)	sitruuna	[sitru:na]
clou (m) de girofle	neilikka	[nejlikka]
cocktail (m)	cocktail	[koktejl]
cocktail (m) au lait	pirtelö	[pirtelø]
cognac (m)	konjakki	[konʰjakki]
concombre (m)	kurkku	[kurkku]
condiment (m)	höyste	[høyste]
confiserie (f)	makeiset	[makejs et]
confiture (f)	hillo	[hillo]
confiture (f)	hillo	[hillo]

congelé (adj)	jäädytetty	[jæːdytetty]
conserves (f pl)	säilykkeet	[sæjlykkeːt]
coriandre (m)	korianteri	[korianteri]
courgette (f)	kesäkurpitsa	[kesækurpitsɑ]
couteau (m)	veitsi	[ʋejtsi]
crème (f)	kerma	[kermɑ]
crème (f) aigre	hapankerma	[hɑpɑn kermɑ]
crème (f) au beurre	kreemi	[kreːmi]
crabe (m)	kuningasrapu	[kuniŋɑsrɑpu]
crevette (f)	katkarapu	[kɑtkɑrɑpu]
cuillère (f)	lusikka	[lusikkɑ]
cuillère (f) à soupe	ruokalusikka	[ruokɑ lusikkɑ]
cuisine (f)	keittiö	[kejttiø]
cuisse (f)	kinkku	[kiŋkku]
cuit à l'eau (adj)	keitetty	[kejtetty]
cumin (m)	kumina	[kuminɑ]
cure-dent (m)	hammastikku	[hɑmmɑs tikku]
déjeuner (m)	päivällinen	[pæjʋællinen]
dîner (m)	illallinen	[illɑllinen]
datte (f)	taateli	[tɑːteli]
dessert (m)	jälkiruoka	[jælkiruokɑ]
dinde (f)	kalkkuna	[kɑlkkunɑ]
du bœuf	naudanliha	[nɑudɑn lihɑ]
du mouton	lampaanliha	[lɑmpɑːn lihɑ]
du porc	sianliha	[siɑn lihɑ]
du veau	vasikanliha	[ʋɑsikɑn lihɑ]
eau (f)	vesi	[ʋesi]
eau (f) minérale	kivennäisvesi	[kiʋeŋæjs ʋesi]
eau (f) potable	juomavesi	[juomɑʋesi]
en chocolat (adj)	suklaa-	[suklɑː]
esturgeon (m)	sampi	[sɑmpi]
fèves (f pl)	pavut	[pɑʋut]
farce (f)	jauheliha	[jɑuhelihɑ]
farine (f)	jauhot	[jɑuhot]
fenouil (m)	tilli	[tilli]
feuille (f) de laurier	laakerinlehti	[lɑːkerin lehti]
figue (f)	viikuna	[ʋiːkunɑ]
flétan (m)	pallas	[pɑllɑs]
flet (m)	kampela	[kɑmpelɑ]
foie (m)	maksa	[mɑksɑ]
fourchette (f)	haarukka	[hɑːrukkɑ]
fraise (f)	mansikka	[mɑnsikkɑ]
fraise (f) des bois	mansikka	[mɑnsikkɑ]
framboise (f)	vadelma	[ʋɑdelmɑ]
frit (adj)	paistettu	[pɑjstettu]
froid (adj)	kylmä	[kylmæ]
fromage (m)	juusto	[juːsto]
fruit (m)	hedelmä	[hedelmæ]
fruits (m pl)	hedelmät	[hedelmæt]
fruits (m pl) de mer	äyriäiset	[æuriæjset]
fumé (adj)	savustettu	[sɑʋustettu]
gâteau (m)	leivos	[lejʋos]

gâteau (m)	piirakka	[pi:irakka]
garniture (f)	täyte	[tæyte]
garniture (f)	lisäke	[lisæke]
gaufre (f)	vohvelit	[vohʋelit]
gazeuse (adj)	hiilihappovettä	[hi:ili happoʋetta]
gibier (m)	riista	[ri:ista]
gin (m)	gini	[gini]
gingembre (m)	inkivääri	[iŋkiʋæ:ri]
girolle (f)	keltavahvero	[keltaʋahʋero]
glace (f)	jää	[jæ:]
glace (f)	jäätelö	[jæ:telø]
glucides (m pl)	hiilihydraatit	[hi:ili hydra:tit]
goût (m)	maku	[maku]
gomme (f) à mâcher	purukumi	[purukumi]
grains (m pl)	vilja	[ʋilʰja]
grenade (f)	granaattiomena	[grana:tti omena]
groseille (f) rouge	punaherukka	[punaherukka]
groseille (f) verte	karviaiset	[karʋiajset]
gruau (m)	suurimot	[su:rimot]
hamburger (m)	hampurilainen	[hampurilajnen]
hareng (m)	silli	[silli]
haricot (m)	pavut	[paʋut]
hors-d'œuvre (m)	alkupalat	[alkupalat]
huître (f)	osteri	[osteri]
huile (f) d'olive	oliiviöljy	[oli:iʋi ølʰy]
huile (f) de tournesol	auringonkukkaöljy	[auriŋon kukka ølʰy]
huile (f) végétale	kasviöljy	[kasʋi ølʰy]
jambon (m)	kinkku	[kiŋkku]
jaune (m) d'œuf	keltuainen	[keltuajnen]
jus (m)	mehu	[mehu]
jus (m) d'orange	appelsiinimehu	[appelsi:ini mehu]
jus (m) de tomate	tomaattimehu	[toma:tti mehu]
jus (m) pressé	tuoremehu	[tuore mehu]
kiwi (m)	kiivi	[ki:iʋi]
légumes (m pl)	vihannekset	[ʋihaŋekset]
lait (m)	maito	[majto]
lait (m) condensé	maitotiiviste	[majto ti:iʋiste]
laitue (f), salade (f)	salaatti	[sala:tti]
langoustine (f)	langusti	[laŋusti]
langue (f)	kieli	[kieli]
lapin (m)	kaniini	[kani:ini]
lard (m)	silava	[silaʋa]
lentille (f)	kylvövirvilä	[kylʋøʋirʋiʎæ]
les œufs	munat	[munat]
les œufs brouillés	paistettu muna	[pajstettu muna]
limonade (f)	limonaati	[limona:ti]
lipides (m pl)	rasvat	[rasʋat]
liqueur (f)	likööri	[likø:ri]
mûre (f)	vatukka	[ʋatukka]
maïs (m)	maissi	[majssi]
maïs (m)	maissi	[majssi]
mandarine (f)	mandariini	[mandari:ini]

mangue (f)	mango	[maŋo]
maquereau (m)	makrilli	[makrilli]
margarine (f)	margariini	[margari:ini]
mariné (adj)	marinoitu	[marinojtu]
marmelade (f)	marmeladi	[marmeladi]
melon (m)	meloni	[meloni]
merise (f)	linnunkirsikka	[liŋun kirsikka]
miel (m)	hunaja	[hunaja]
miette (f)	muru	[muru]
millet (m)	hirssi	[hirssi]
morceau (m)	pala	[pala]
morille (f)	huhtasieni	[huhtasieni]
morue (f)	turska	[turska]
moutarde (f)	sinappi	[sinappi]
myrtille (f)	mustikka	[mustikka]
navet (m)	nauris	[nauris]
noisette (f)	hasselpähkinä	[hassel pæhkiɲæ]
noix (f)	saksanpähkinä	[saksan pæhkiɲæ]
noix (f) de coco	kookospähkinä	[ko:kos pæhkiɲæ]
nouilles (f pl)	nuudeli	[nu:deli]
nourriture (f)	ruoka	[ruoka]
oie (f)	hanhi	[hanhi]
oignon (m)	sipuli	[sipuli]
olives (f pl)	oliivit	[oli:iʋit]
omelette (f)	munakas	[munakas]
orange (f)	appelsiini	[appelsi:ini]
orge (f)	ohra	[ohra]
oronge (f) verte	myrkkysieni	[myrkkysieni]
ouvre-boîte (m)	purkinavaaja	[purkinaʋa:jæ]
ouvre-bouteille (m)	pullonavaaja	[pullonaʋa:jæ]
pâté (m)	tahna	[tahna]
pâtes (m pl)	makaronit	[makaronit]
pétales (m pl) de maïs	maissimurot	[majssi murot]
pétillante (adj)	hiilihappoinen	[hi:ili happojnen]
pêche (f)	persikka	[persikka]
pain (m)	leipä	[lejpæ]
pamplemousse (m)	greippi	[grejppi]
papaye (f)	papaija	[papaija]
paprika (m)	paprika	[paprika]
pastèque (f)	vesimeloni	[ʋesi meloni]
peau (f)	kuori	[kuori]
perche (f)	ahven	[ahʋen]
persil (m)	persilja	[persilʰæ]
petit déjeuner (m)	aamiainen	[a:miajnen]
petite cuillère (f)	teelusikka	[te: lusikka]
pistaches (f pl)	pistaasi	[pista:si]
pizza (f)	pizza	[piʦa]
plat (m)	ruoka	[ruoka]
plate (adj)	ilman hiilihappoa	[ilman hi:ili happoa]
poire (f)	päärynä	[pæ:ryɲæ]
pois (m)	herne	[herne]
poisson (m)	kala	[kala]

poivre (m) noir	musta pippuri	[musta pippuri]
poivre (m) rouge	kuuma pippuri	[ku:ma pippuri]
poivron (m)	paprika	[paprika]
pomme (f)	omena	[omena]
pomme (f) de terre	peruna	[peruna]
portion (f)	annos	[aŋos]
potiron (m)	kurpitsa	[kurpitsa]
poulet (m)	kana	[kana]
pourboire (m)	juomaraha	[juomaraha]
protéines (f pl)	valkuaisaineet	[valku ajsajne:t]
prune (f)	luumu	[lu:mu]
purée (f)	perunasose	[peruna sose]
régime (m)	dieetti	[die:ti]
rôti (m)	paisti	[pajsti]
radis (m)	retiisi	[reti:isi]
rafraîchissement (m)	virvoitusjuoma	[virvojtus juoma]
raifort (m)	piparjuuri	[piparʰju:ri]
raisin (m)	viinirypäleet	[vi:inirypæle:t]
raisin (m) sec	rusinat	[rusinat]
recette (f)	resepti	[resepti]
requin (m)	hai	[haj]
rhum (m)	rommi	[rommi]
riz (m)	riisi	[ri:isi]
russule (f)	hapero	[hapero]
sésame (m)	seesami	[se:sami]
safran (m)	sahrami	[sahrami]
salé (adj)	suolainen	[suolajnen]
salade (f)	salaatti	[sala:tti]
sandre (f)	kuha	[kuha]
sandwich (m)	voileipä	[voj lejpæ]
sans alcool	alkoholiton	[alkoholiton]
sardine (f)	sardiini	[sardi:ini]
sarrasin (m)	tattari	[tattari]
sauce (f)	kastike	[kastike]
sauce (f) mayonnaise	majoneesi	[maøne:si]
saucisse (f)	nakki	[nakki]
saucisson (m)	makkara	[makkara]
saumon (m)	lohi	[lohi]
saumon (m) atlantique	merilohi	[merilohi]
sec (adj)	kuivattu	[kujvattu]
seigle (m)	ruis	[rujs]
sel (m)	suola	[suola]
serveur (m)	tarjoilija	[tarʰøjlija]
serveuse (f)	tarjoilijatar	[tarʰøjlijatar]
silure (m)	monni	[moŋi]
soja (m)	soijapapu	[soijapapu]
soucoupe (f)	teevati	[te:vati]
soupe (f)	keitto	[kejtto]
spaghettis (m pl)	spagetti	[spagetti]
steak (m)	pihvi	[pihvi]
sucré (adj)	makea	[makea]
sucre (m)	sokeri	[sokeri]

tarte (f)	kakku	[kɑkku]
tasse (f)	kuppi	[kuppi]
thé (m)	tee	[te:]
thé (m) noir	musta tee	[musta te:]
thé (m) vert	vihreä tee	[ʋihreæ te:]
thon (m)	tonnikala	[toɲikɑlɑ]
tire-bouchon (m)	korkkiruuvi	[korkkiru:ʋi]
tomate (f)	tomaatti	[tomɑ:tti]
tranche (f)	viipale	[ʋi:ipɑle]
truite (f)	lohi	[lohi]
végétarien (adj)	kasvis-	[kɑsʋis]
végétarien (m)	kasvissyöjä	[kɑsʋissyøjæ]
verdure (f)	kasvikset	[kɑsʋikset]
vermouth (m)	vermutti	[ʋermutti]
verre (m)	lasi	[lɑsi]
verre (m) à vin	malja	[malʰja]
viande (f)	liha	[lihɑ]
vin (m)	viini	[ʋi:ini]
vin (m) blanc	valkoviini	[ʋɑlko ʋi:ini]
vin (m) rouge	punaviini	[punɑ ʋi:ini]
vinaigre (m)	etikka	[etikkɑ]
vitamine (f)	vitamiini	[ʋitɑmi:ini]
vodka (f)	viina	[ʋi:inɑ]
whisky (m)	viski	[ʋiski]
yogourt (m)	jogurtti	[øgurtti]

äyriäiset	[æuriæjset]	fruits (m pl) de mer
aamiainen	[ɑːmiɑjnen]	petit déjeuner (m)
ahven	[ahʋen]	perche (f)
alkoholijuomat	[alkoholi juomat]	boissons (f pl) alcoolisées
alkoholiton	[alkoholiton]	sans alcool
alkoholiton juoma	[alkoholiton juoma]	boisson (f) non alcoolisée
alkupalat	[alkupalat]	hors-d'œuvre (m)
ananas	[ananas]	ananas (m)
anis	[anis]	anis (m)
ankerias	[aŋkerias]	anguille (f)
ankka	[aŋkka]	canard (m)
annos	[aŋos]	portion (f)
aperitiivi	[aperitiːiʋi]	apéritif (m)
appelsiini	[appelsiːini]	orange (f)
appelsiinimehu	[appelsiːini mehu]	jus (m) d'orange
aprikoosi	[aprikoːsi]	abricot (m)
artisokka	[artisokka]	artichaut (m)
auringonkukkaöljy	[auriŋon kukka ølʰy]	huile (f) de tournesol
avokado	[aʋokado]	avocat (m)
baari	[baːri]	bar (m)
baarimestari	[baːrimestari]	barman (m)
banaani	[banaːni]	banane (f)
basilika	[basilika]	basilic (m)
brokkolikaali	[brokkoli kaːli]	brocoli (m)
brysselinkaali	[brysseliŋkaːli]	chou (m) de Bruxelles
cocktail	[koktejl]	cocktail (m)
dieetti	[dieːti]	régime (m)
etikka	[etikka]	vinaigre (m)
gini	[gini]	gin (m)
granaattiomena	[granaːtti omena]	grenade (f)
greippi	[grejppi]	pamplemousse (m)
höyste	[høyste]	condiment (m)
haarukka	[haːrukka]	fourchette (f)
hai	[haj]	requin (m)
hammastikku	[hammas tikku]	cure-dent (m)
hampurilainen	[hampurilajnen]	hamburger (m)
hanhi	[hanhi]	oie (f)
hapankerma	[hapan kerma]	crème (f) aigre
hapankirsikka	[hapan kirsikka]	cerise (f)
hapero	[hapero]	russule (f)
hasselpähkinä	[hassel pæhkiɲæ]	noisette (f)
hauki	[hauki]	brochet (m)

hedelmä	[hedelmæ]	fruit (m)
hedelmät	[hedelmæt]	fruits (m pl)
herkkutatti	[herkkutatti]	cèpe (m)
herne	[herne]	pois (m)
hiilihappoinen	[hiːili happojnen]	pétillante (adj)
hiilihappovettä	[hiːili happovetta]	gazeuse (adj)
hiilihydraatit	[hiːili hydraːtit]	glucides (m pl)
hillo	[hillo]	confiture (f)
hillo	[hillo]	confiture (f)
hirssi	[hirssi]	millet (m)
huhtasieni	[huhtasieni]	morille (f)
hunaja	[hunaja]	miel (m)
Hyvää ruokahalua!	[hyʋæː ruokahalua]	Bon appétit!
illallinen	[illallinen]	dîner (m)
ilman hiilihappoa	[ilman hiːili happoa]	plate (adj)
inkivääri	[iŋkiʋæːri]	gingembre (m)
jää	[jæː]	glace (f)
jäädytetty	[jæːdytetty]	congelé (adj)
jään kanssa	[jæːn kanssa]	avec de la glace
jäätelö	[jæːtelø]	glace (f)
jälkiruoka	[jælkiruoka]	dessert (m)
jauheliha	[jauheliha]	farce (f)
jauhot	[jauhot]	farine (f)
jogurtti	[øgurtti]	yogourt (m)
juomaraha	[juomaraha]	pourboire (m)
juomavesi	[juomaʋesi]	eau (f) potable
juusto	[juːsto]	fromage (m)
kärpässieni	[kærpæssieni]	amanite (f) tue-mouches
kaali	[kaːli]	chou (m)
kahvi	[kahʋi]	café (m)
kahvi kerman kera	[kahʋi kerman kera]	cappuccino (m)
kakku	[kakku]	tarte (f)
kala	[kala]	poisson (m)
kalkkuna	[kalkkuna]	dinde (f)
kalmari	[kalmari]	calamar (m)
kalori	[kalori]	calorie (f)
kampela	[kampela]	flet (m)
kana	[kana]	poulet (m)
kaneli	[kaneli]	cannelle (f)
kaniini	[kaniːini]	lapin (m)
karamelli	[karamelli]	bonbon (m)
karpalo	[karpalo]	canneberge (f)
karppi	[karppi]	carpe (f)
karvas	[karʋas]	amer (adj)
karviaiset	[karʋiajset]	groseille (f) verte
kastike	[kastike]	sauce (f)
kasviöljy	[kasʋi ølʰy]	huile (f) végétale
kasvikset	[kasʋikset]	verdure (f)
kasvis-	[kasʋis]	végétarien (adj)
kasvissyöjä	[kasʋissyøjæ]	végétarien (m)
katkarapu	[katkarapu]	crevette (f)
kaura	[kaura]	avoine (f)

kaviaari	[kaʋiɑ:ri]	caviar (m)
keitetty	[kejtetty]	cuit à l'eau (adj)
keittiö	[kejttiø]	cuisine (f)
keitto	[kejtto]	soupe (f)
keksit	[keksit]	biscuit (m)
keltavahvero	[keltaʋɑhʋero]	girolle (f)
keltuainen	[keltuɑjnen]	jaune (m) d'œuf
kerma	[kermɑ]	crème (f)
kesäkurpitsa	[kesækurpitsɑ]	courgette (f)
kieli	[kieli]	langue (f)
kiivi	[ki:iʋi]	kiwi (m)
kinkku	[kiŋkku]	jambon (m)
kinkku	[kiŋkku]	cuisse (f)
kivennäisvesi	[kiʋeŋæjs ʋesi]	eau (f) minérale
konjakki	[konʰjɑkki]	cognac (m)
kookospähkinä	[ko:kos pæhkiɲæ]	noix (f) de coco
korianteri	[koriɑnteri]	coriandre (m)
korkkiruuvi	[korkkiru:ʋi]	tire-bouchon (m)
kotletti	[kotletti]	boulette (f)
kreemi	[kre:mi]	crème (f) au beurre
kuha	[kuhɑ]	sandre (f)
kuivattu	[kujʋɑttu]	sec (adj)
kukkakaali	[kukkɑkɑ:li]	chou-fleur (m)
kumina	[kuminɑ]	cumin (m)
kuningasrapu	[kuniŋɑsrɑpu]	crabe (m)
kuori	[kuori]	peau (f)
kuppi	[kuppi]	tasse (f)
kurkku	[kurkku]	concombre (m)
kurpitsa	[kurpitsɑ]	potiron (m)
kuuma	[ku:mɑ]	chaud (adj)
kuuma pippuri	[ku:mɑ pippuri]	poivre (m) rouge
kylmä	[kylmæ]	froid (adj)
kylvövirvilä	[kylʋøʋirʋiʎæ]	lentille (f)
laakerinlehti	[lɑ:kerin lehti]	feuille (f) de laurier
lahna	[lɑhnɑ]	brème (f)
lampaanliha	[lɑmpɑ:n lihɑ]	du mouton
langusti	[lɑŋusti]	langoustine (f)
lasi	[lɑsi]	verre (m)
lasku	[lɑsku]	addition (f)
lautanen	[lɑutɑnen]	assiette (f)
lehmäntatti	[lehmæntɑtti]	bolet (m) bai
leipä	[lejpæ]	pain (m)
leivos	[lejʋos]	gâteau (m)
liemi	[liemi]	bouillon (m)
liha	[lihɑ]	viande (f)
likööri	[likø:ri]	liqueur (f)
limonaati	[limonɑ:ti]	limonade (f)
linnunkirsikka	[liɲun kirsikkɑ]	merise (f)
lisäke	[lisæke]	garniture (f)
lohi	[lohi]	saumon (m)
lohi	[lohi]	truite (f)
lusikka	[lusikkɑ]	cuillère (f)

luumu	[lu:mu]	prune (f)
maapähkinä	[ma:pæhkiɲæ]	cacahuète (f)
maissi	[majssi]	maïs (m)
maissi	[majssi]	maïs (m)
maissimurot	[majssi murot]	pétales (m pl) de maïs
maito	[majto]	lait (m)
maitokahvi	[majto kahʋi]	café (m) au lait
maitotiiviste	[majto ti:iʋiste]	lait (m) condensé
majoneesi	[maøne:si]	sauce (f) mayonnaise
makaronit	[makaronit]	pâtes (m pl)
makea	[makea]	sucré (adj)
makeiset	[makejs et]	confiserie (f)
makkara	[makkara]	saucisson (m)
makrilli	[makrilli]	maquereau (m)
maksa	[maksa]	foie (m)
maku	[maku]	goût (m)
malja	[malʰja]	verre (m) à vin
mandariini	[mandari:ini]	mandarine (f)
mango	[maŋo]	mangue (f)
mansikka	[mansikka]	fraise (f)
mansikka	[mansikka]	fraise (f) des bois
manteli	[manteli]	amande (f)
margariini	[margari:ini]	margarine (f)
marinoitu	[marinojtu]	mariné (adj)
marja	[marʰja]	baie (f)
marjat	[marʰjat]	baies (f pl)
marmeladi	[marmeladi]	marmelade (f)
maukas	[maukas]	bon (adj)
mauste	[mauste]	épice (f)
mehu	[mehu]	jus (m)
meloni	[meloni]	melon (m)
merilohi	[merilohi]	saumon (m) atlantique
monni	[moŋi]	silure (m)
muna	[muna]	œuf (m)
munakas	[munakas]	omelette (f)
munakoiso	[munakojso]	aubergine (f)
munat	[munat]	les œufs
muru	[muru]	miette (f)
murukahvi	[muru kahʋi]	café (m) soluble
musta kahvi	[musta kahʋi]	café (m) noir
musta pippuri	[musta pippuri]	poivre (m) noir
musta tee	[musta te:]	thé (m) noir
mustaherukka	[mustaherukka]	cassis (m)
mustikka	[mustikka]	myrtille (f)
myrkkysieni	[myrkkysieni]	champignon (m) vénéneux
myrkkysieni	[myrkkysieni]	oronge (f) verte
nakki	[nakki]	saucisse (f)
naudanliha	[naudan liha]	du bœuf
nauris	[nauris]	navet (m)
neilikka	[nejlikka]	clou (m) de girofle
nuudeli	[nu:deli]	nouilles (f pl)

ohra	[ohra]	orge (f)
oliiviöljy	[oli:iʋi ølʰy]	huile (f) d'olive
oliivit	[oli:iʋit]	olives (f pl)
olut	[olut]	bière (f)
omena	[omena]	pomme (f)
osteri	[osteri]	huître (f)
päärynä	[pæ:rynæ]	poire (f)
päivällinen	[pæjʋællinen]	déjeuner (m)
paistettu	[pajstettu]	frit (adj)
paistettu muna	[pajstettu muna]	les œufs brouillés
paisti	[pajsti]	rôti (m)
pala	[pala]	morceau (m)
pallas	[pallas]	flétan (m)
papaija	[papaija]	papaye (f)
paprika	[paprika]	poivron (m)
paprika	[paprika]	paprika (m)
parsa	[parsa]	asperge (f)
pavut	[paʋut]	fèves (f pl)
pavut	[paʋut]	haricot (m)
pekoni	[pekoni]	bacon (m)
persikka	[persikka]	pêche (f)
persilja	[persilʰæ]	persil (m)
peruna	[peruna]	pomme (f) de terre
perunasose	[peruna sose]	purée (f)
pihvi	[pihʋi]	steak (m)
piirakka	[pi:irakka]	gâteau (m)
pinaatti	[pina:tti]	épinard (m)
piparjuuri	[piparʰju:ri]	raifort (m)
pirtelö	[pirtelø]	cocktail (m) au lait
pistaasi	[pista:si]	pistaches (f pl)
pizza	[pitsa]	pizza (f)
porkkana	[porkkana]	carotte (f)
pullonavaaja	[pullonaʋa:jæ]	ouvre-bouteille (m)
punaherukka	[punaherukka]	groseille (f) rouge
punajuuri	[punaju:ri]	betterave (f)
punaviini	[puna ʋi:ini]	vin (m) rouge
punikkitatti	[punikkitatti]	bolet (m) orangé
puolukka	[puolukka]	airelle (f) rouge
purkinavaaja	[purkinaʋa:jæ]	ouvre-boîte (m)
purukumi	[purukumi]	gomme (f) à mâcher
puuro	[pu:ro]	bouillie (f)
rasvat	[rasʋat]	lipides (m pl)
resepti	[resepti]	recette (f)
retiisi	[reti:isi]	radis (m)
riisi	[ri:isi]	riz (m)
riista	[ri:ista]	gibier (m)
rommi	[rommi]	rhum (m)
ruis	[rujs]	seigle (m)
ruoka	[ruoka]	plat (m)
ruoka	[ruoka]	nourriture (f)
ruokahalu	[ruokahalu]	appétit (m)
ruokalista	[ruoka lista]	carte (f)

ruokalusikka	[ruoka lusikka]	cuillère (f) à soupe
ruokasieni	[ruokasieni]	champignon (m) comestible
rusinat	[rusinat]	raisin (m) sec
säilykkeet	[sæjlykke:t]	conserves (f pl)
sahrami	[sahrami]	safran (m)
saksanpähkinä	[saksan pæhkiɲæ]	noix (f)
salaatti	[sala:tti]	laitue (f), salade (f)
salaatti	[sala:tti]	salade (f)
sampi	[sampi]	esturgeon (m)
samppanja	[samppanʰja]	champagne (m)
sardiini	[sardi:ini]	sardine (f)
savustettu	[savustettu]	fumé (adj)
seesami	[se:sami]	sésame (m)
selleri	[selleri]	céleri (m)
sianliha	[sian liha]	du porc
sieni	[sieni]	champignon (m)
silava	[silava]	lard (m)
silli	[silli]	hareng (m)
sinappi	[sinappi]	moutarde (f)
sipuli	[sipuli]	oignon (m)
sitruuna	[sitru:na]	citron (m)
sivumaku	[sivumaku]	arrière-goût (m)
soijapapu	[soijapapu]	soja (m)
sokeri	[sokeri]	sucre (m)
spagetti	[spagetti]	spaghettis (m pl)
suklaa	[sukla:]	chocolat (m)
suklaa-	[sukla:]	en chocolat (adj)
suola	[suola]	sel (m)
suolainen	[suolajnen]	salé (adj)
suurimot	[su:rimot]	gruau (m)
tähkä	[tæhkæ]	épi (m)
täyte	[tæyte]	garniture (f)
taateli	[ta:teli]	datte (f)
tahna	[tahna]	pâté (m)
tarjoilija	[tarʰøjlija]	serveur (m)
tarjoilijatar	[tarʰøjlijatar]	serveuse (f)
tattari	[tattari]	sarrasin (m)
tee	[te:]	thé (m)
teelusikka	[te: lusikka]	petite cuillère (f)
teevati	[te:vati]	soucoupe (f)
tilli	[tilli]	fenouil (m)
tomaatti	[toma:tti]	tomate (f)
tomaattimehu	[toma:tti mehu]	jus (m) de tomate
tonnikala	[toɲikala]	thon (m)
tumma olut	[tumma olut]	bière (f) brune
tuoremehu	[tuore mehu]	jus (m) pressé
turska	[turska]	morue (f)
vaalea olut	[va:lea olut]	bière (f) blonde
vadelma	[vadelma]	framboise (f)
valkosipuli	[valko sipuli]	ail (m)
valkoviini	[valko vi:ini]	vin (m) blanc

valkuainen	[ʋalkuajnen]	blanc (m) d'œuf
valkuaisaineet	[ʋalku ajsajne:t]	protéines (f pl)
vasikanliha	[ʋasikan liha]	du veau
vatukka	[ʋatukka]	mûre (f)
vehnä	[ʋehɲæ]	blé (m)
veitsi	[ʋejtsi]	couteau (m)
vermutti	[ʋermutti]	vermouth (m)
vesi	[ʋesi]	eau (f)
vesimeloni	[ʋesi meloni]	pastèque (f)
vihannekset	[ʋihaŋekset]	légumes (m pl)
vihreä tee	[ʋihreæ te:]	thé (m) vert
viikuna	[ʋi:ikuna]	figue (f)
viina	[ʋi:ina]	vodka (f)
viini	[ʋi:ini]	vin (m)
viinilista	[ʋi:ini lista]	carte (f) des vins
viinirypäleet	[ʋi:inirypæle:t]	raisin (m)
viipale	[ʋi:ipale]	tranche (f)
vilja	[ʋilʰja]	grains (m pl)
viljat	[ʋilʰjat]	céréales (f pl)
virvoitusjuoma	[ʋirʋojtus juoma]	rafraîchissement (m)
viski	[ʋiski]	whisky (m)
vitamiini	[ʋitami:ini]	vitamine (f)
vohvelit	[ʋohʋelit]	gaufre (f)
voi	[ʋoj]	beurre (m)
voileipä	[ʋoj lejpæ]	sandwich (m)